Retratos de uma guerra

Ariel Finguerman

Retratos de uma guerra

Histórias do conflito entre israelenses e palestinos

EDITORA GLOBO

Preparação: Agnaldo Holanda
Revisão: Valquiria Della Pozza e Otacílio Nunes
Mapas: Adilson Secco
Capa: Rita da Costa Aguiar
Imagens de capa: Peter Turnley / Corbis
Fotos do miolo: Ariel Finguerman
Agradecemos os jornais *O Globo* (Rio de Janeiro), *Expresso* (Lisboa) e *Forward* (Nova York) e a revista *Hebraica* (São Paulo) por permitirem a publicação das reportagens presentes nesse livro

Dados Internacionais de Catalogação na Publicação (CIP)
(Câmara Brasileira do Livro, SP, Brasil)

Finguerman, Ariel
Retratos de uma guerra : histórias do conflito entre israelenses e palestinos / Ariel Finguerman. – São Paulo : Globo, 2005.

ISBN 85-250-3959-4

1. Conflito árabe-israelense 2. Geopolítica 3. Israel - História 4. Israel - Política e governo 5. Palestina - História 6. Palestina - Política e governo 7. Repórteres e reportagens I. Título: História do conflito entre israelenses e palestinos.

05-0486 CDD-070.4499569405

Índices para catálogo sistemático:
1. Conflito entre israelenses e palestinos : Reportagens jornalísticas 070.4499569405
2. Reportagens : Conflito entre israelenses e palestinos : Jornalismo 070.4499569405

Direitos de edição em língua portuguesa para o Brasil
adquiridos por Editora Globo S. A.
Av. Jaguaré, 1485 – 05346-902 – São Paulo – SP
www.globolivros.com.br

SUMÁRIO

Retratos de uma guerra

Histórias do conflito entre israelenses e palestinos

Prefácio

A guerra sempre foi objeto de reflexão para o homem. Os teóricos clássicos como Sun Tzu e Clausewitz dedicaram a esse tema atenção do ponto de vista estratégico, diplomático, militar e político. E introduziram conceitos que até hoje sustentam as análises dos especialistas em conflitos.

Para esses dois autores a guerra era — como ainda é — entendida como uma decisão eminentemente política — planejada nos gabinetes dos chefes de Estado com fins políticos: anexar territórios, solapar ameaças ideológicas, disseminar o poder do credo —, ainda que freqüentemente os mesmos políticos tenham tentado despolitizá-la, superestimando razões paralelas de ordem racial, religiosa e até paradoxalmente humanitária.

Seja qual for o argumento a servir de legitimação, no entanto, diz o senso comum que a guerra, no palco da carnificina, é um lamentável episódio em que pessoas (que não se conhecem) se matam em nome de pessoas que (se conhecem e) não se matam.

Quando um conflito estoura, a imprensa, por sua natureza oficialesca, se apressa em direcionar seus microfones para a segunda parte do enunciado: os políticos, os líderes combatentes ou religiosos, aqueles que à distância mobilizam exércitos no *front* militar ou paramilitar, os porta-vozes oficiais.

Mas se é verdade que cada povo tem os políticos que merece, então é impossível compreender a ação destes sem se debruçar sobre os valores, os traços e a vida cotidiana daqueles que os escolheram. Somente imergindo no imaginário local é possível entender os medos, preconceitos, as crenças e esperanças que moldam os homens e suas decisões, ao mesmo tempo que se desmascaram os discursos, as distrações e a falsa retórica característicos da palavra oficial em tempos em guerra.

Nesse sentido, o livro de Ariel Finguerman faz uma clara opção. Em quatro anos acompanhando o conflito israelense-palestino, desde a explosão da Nova Intifada, o autor compilou reportagens sobre o dia-a-dia na região do conflito escritas para jornais do Brasil e de Portugal, mas deixou quase totalmente de lado as entrevistas com autoridades legitimadas. Poderia ter contado a história do conflito utilizando grandes datas e fatos, como faz a historiografia tradicional. Mas os relatos cotidianos de israelenses, árabes-israelenses e árabes parecem fazer muito mais pelo leitor que procura entender a fundo o conflito em questão.

O livro de Ariel Finguerman permite esse entendimento na sua dimensão mais complexa, aquela da experiência humana. É um livro sobre histórias de vida, sobre convicções, sobre medos e esperanças. Um livro humano.

É com essa naturalidade que o autor nos conduz pela "guerra de pedras" que crianças palestinas travam diariamente com o exército israelense depois das aulas, em Ramallah, na Cisjordânia. A simplicidade da narrativa traduz, não sem certa angústia para o leitor, uma guerra que é antes herança que escolha dos meninos palestinos.

Do mesmo modo, o olhar equilibrado do jornalista, que limita suas interferências textuais para dar voz aos personagens, percorre os assentamentos judeus em Gaza e na Cisjordânia, onde se concentram alguns dos mais ferozes judeus anti-islâmicos da região. Aqui, a simplicidade da linguagem espelha a própria tipificação que cada lado no conflito faz do outro, uma prova de quanto a guerra já se desgarrou de suas razões originais para se arraigar no preconceito e na intolerância.

Felizmente, as reportagens de Ariel caminham em sentido oposto, o de derrubar impiedosamente a mínima tentativa de maniqueísmo. O leitor sentirá desconforto e alívio ao ser apresentado ao judeu anti-sionista ministro de governo da Autoridade Palestina; ao líder árabe que defende a coexistência dos dois povos; ao brasileiro que se diz mais seguro em Tel Aviv que no Rio de Janeiro.

Não se trata de amenizar o terrorismo de Estado judeu ou os atentados à bomba dos autoproclamados "mártires" islâmicos, muito pelo contrário. É oferecer ao leitor uma série de dados e sutilezas que seriam impossíveis de coletar sem pôr os pés no local do conflito. Ou, nesse caso, sem a presença de um observador preparado, equilibrado e com sensibilidade para captá-los.

Por fim, vale a pena mencionar que Ariel Finguerman se apresenta ao leitor como judeu e declara ter utilizado sua religiosidade não para tomar partido no conflito, mas sim para chegar ao imaginário dos envolvidos. Trata-se de fato, e antes de tudo, de um livro escrito por um brasileiro que cresceu experimentando a tolerância e a diversidade, e aprendeu a não fazer concessões ao radicalismo.

Ao apresentar dessa maneira o conflito em Israel e nos territórios palestinos, por vezes Ariel nos passa uma mensagem de paz. Em outros momentos, desperta a desesperança. Em nenhum caso, corrobora as soluções simples cozinhadas nos gabinetes políticos. É nas ruas de Gaza ou da Cisjordânia, de Tel Aviv ou de Jerusalém que o leitor se encontrará frente a frente com os verdadeiros heróis — e algozes — do conflito israelense-palestino.

Pablo Uchoa

Agradecimentos

Ao editor e amigo Bernardo Lerer. Nenhum jornalista consegue desenvolver seu trabalho se não tiver ao seu lado um editor competente e compreensivo. Sem a presença do Bernardo, este livro não existiria.

Ao jornalista e professor Jair Borin (*in memoriam*), por ter me ensinado o jornalismo.

Aos meus editores portugueses Luisa Meireles e José Cardoso, e à assistente Dulce Salomé. A Claudia Abeling, que aceitou com entusiasmo o projeto deste livro, e ao editor Marcelo Ferroni, que me ajudou a concluí-lo.

Aos diretores dos jornais *O Globo* (Rio de Janeiro), *Expresso* (Lisboa) e *Forward* (Nova York) e da revista *Hebraica* (São Paulo), por permitirem a publicação, neste livro, das reportagens que saíram originalmente em suas mídias.

À Elana, por ter me dado amor em tempos de guerra.

INTRODUÇÃO

NO TÁXI QUE DEIXOU JERUSALÉM para trás e rumava em direção a Ramallah, a principal cidade palestina da Cisjordânia, o clima era de tensão. Éramos três jornalistas — um brasileiro, uma argentina e um inglês —, além do motorista árabe. Estávamos nos primeiros dias da Nova Intifada e nos surpreendíamos com a escalada da violência, que recrudescia a cada momento.

Alguns dias antes, o mundo se chocara com a imagem do menino palestino Muhammad al-Dura, de 12 anos, sendo morto nos braços de seu pai na entrada da Faixa de Gaza, numa troca de tiros com o exército de Israel. A expressão de terror do garoto transformou a cena num símbolo da crueldade do novo conflito. Mas no ciclo sem fim de vinganças que marca mais de 80 anos de guerra entre árabes e judeus, ficou faltando a resposta palestina. Esta veio em 12 de outubro de 2000, o dia em que estávamos viajando pela Cisjordânia.

O jornalista inglês havia ficado perturbado com o que vira na parte da manhã em Ramallah. Enquanto preparava uma reportagem, notou um alvoroço, seguido de um corre-corre. Poucos momentos depois, horrorizou-se com a cena que não lhe saiu mais da mente: o corpo de um soldado israelense, linchado pela multidão e arrastado pelas ruas da cidade. Ele tentou tirar fotos, mas o filme foi confiscado por militantes.

Rumávamos em direção à cidade, sem saber os motivos do linchamento. Por via das dúvidas, dei à colega argentina, repórter do *Clarín*, os telefones do meu jornal e da família, para o caso de acontecer algum imprevisto.

Continuamos a jornada e o taxista ligou o rádio, para termos idéia da situação na cidade convulsionada. Ele então ouviu a surpreendente notícia, em árabe, e nos traduziu:

— Israel está bombardeando Ramallah — disse.

Nos anos seguintes da Nova Intifada, esse tipo de ação viraria rotina. Mas, naquele dia, ninguém imaginava que os antigos parceiros do processo de paz poderiam chegar a tal nível de agressão.

Continuamos nossa jornada, em silêncio. Pouco depois de passarmos pelo último posto militar israelense, alguns jovens palestinos, exaltados, apareceram no meio da rua e pararam nosso táxi.

— Há algum judeu neste carro? — perguntaram.

— *Sarrafi, sarrafi* (jornalista, em árabe) — respondeu o taxista, não dando muita atenção aos garotos e acelerando o carro.

Quando entramos nas cercanias de Ramallah, me surpreendi com a transformação da cidade. Um mês antes eu estivera ali e vira uma cidade vibrante, com as ruas lotadas de gente fazendo compras, os restaurantes cheios e os escritórios funcionando normalmente. Agora, quase todas as lojas estavam fechadas e paramilitares suados passavam por nós. Vestiam camiseta e empunhavam rifles Kalashnikov. Estavam nervosos, temendo uma invasão por terra das forças israelenses. Engatilhavam suas armas e contavam as balas.

O centro de Ramallah não é grande. As principais avenidas desembocam numa pequena praça central, chamada Al Manara, onde há um curioso monumento com esculturas de leões. A praça estava coberta de coroas de flores, com a inscrição em árabe "Em homenagem aos que morreram por Al-Aqsa", e havia fotos das vítimas.

Seguimos a multidão e entramos na rua Al Nahda, uma das principais da cidade. As pessoas se aglomeravam para ver o que restara do posto policial palestino, bombardeado momentos antes. Naquele local ocorrera o linchamento. Dos dois andares do edifício, sobrou somente a base. O ataque fora preciso, deixando intacto o hotel que fica bem em frente ao posto policial.

Algumas dezenas de pedestres palestinos se reuniram espontaneamente numa manifestação, gritando "não seremos humilhados". Mike Saleh, 69 anos, apenas os observa.

— Quando ouvi as explosões, nem corri — ele me diz. — Nós esperamos de tudo, só Deus nos protege.

A noite começou a descer sobre Ramallah, mas a multidão não se movia. Os palestinos falavam por celulares, ávidos por novas notícias. Somente quando se ouviu o som de novas explosões é que houve um corre-corre e boa parte das pessoas se dispersou.

Cheguei ao Oriente Médio dois meses antes do início da Nova Intifada, em agosto de 2000. Ainda deu para conhecer um pouco das benesses trazidas pelo processo de paz dos anos 90. Era verão e a praia de Tel Aviv estava alegre e lotada, com muitos turistas, principalmente franceses. Já em Ramallah, os palestinos — embora preocupados — faziam planos otimistas para o futuro.

Envolvido nesse clima de esperança, minha preocupação na época era apenas conseguir um bom hotel na Cisjordânia, para cobrir o que eu imaginava que seria a festa da independência palestina. Mas no fim de setembro tudo isso mudou. Com a explosão da Nova Intifada, a região se encheu de medo, fúria e ódio. E eu me tornei o único jornalista brasileiro morando na região e cobrindo o conflito para um grande jornal.

O que o leitor encontrará neste livro são reportagens de campo feitas ao longo de todo o Israel e nas cidades e campos de refugiados palestinos da Cisjordânia e de Gaza. Foram mais de quatro anos acompanhando de perto os acontecimentos dramáticos da Nova Intifada. Minha intenção ao selecionar as histórias para este livro foi deixar de lado a superfície do noticiário diário e levar o leitor a uma viagem pelo dia-a-dia dos dois povos envolvidos no conflito.

Os israelenses e palestinos destas reportagens viveram algo importante na Nova Intifada. Os entrevistados incluem o comandante guerrilheiro Marwan Barghouti; o escritor Amos Oz; meninos palestinos armados com pedras; vítimas do terror; o cineasta árabe Mohammad Bakri; os militares gays de Israel; um ex-chefe do serviço secreto Mossad; o rabino ortodoxo na época ministro de Arafat; paramédicos que arriscam suas vidas para salvar outras; e muitos outros entrevistados.

Durante meu trabalho, sempre me interessei também em saber como vivem os brasileiros que imigraram para Israel e territórios palestinos: o que pensam sobre o conflito, como comparam essa guerra com a situação brasileira, como a vida deles foi afetada. Por isso, neste livro o leitor também encontrará histórias como a do paulista que hoje é um colono na Cisjordânia, o árabe nascido no Brasil que usa a camisa da seleção brasileira para facilitar a passagem pelos bloqueios israelenses, o carioca que fundou um partido de direita, o jogador que revolucionou o futebol da região, entre outras.

As reportagens estão organizadas por temas e escrevi breves introduções para melhor situar o leitor. Procurei abordar o conflito através de seus mais variados aspectos: política, cultura, cobertura da mídia, esporte, religião, economia, idéias e dramas humanos. Algumas dessas histórias são inéditas, outras foram publicadas pela mídia brasileira e portuguesa.

Tive grande prazer em entrevistar essas pessoas, mas também não foi uma tarefa fácil. Circulei por Israel em ônibus, nas mesmas linhas que algum tempo antes ou depois sofreram atentados. Percorri a Cisjordânia a maior parte do tempo sozinho — de táxi, a pé ou em lotação palestina. Na fronteira israelense-libanesa, levei pedradas de simpatizantes da milícia Hezbollah; nas cercanias de Ramallah, inalei gás lacrimogênio lançado pelo exército de Israel.

Nessas reportagens, procurei ser o mais objetivo possível. Busquei ouvir as duas realidades do conflito e deixar para o leitor tirar suas próprias conclusões. Para isso, procurei reproduzir também a linguagem dos dois inimigos. Por exemplo: no capítulo que trato da visão palestina do conflito, chamei seus mortos de "mártires", que é como os árabes consideram mesmo os militantes suicidas. Já no capítulo com a visão israelense, esses mesmos militantes são chamados de "terroristas".

Qualquer estudante de jornalismo sabe que a objetividade na cobertura da imprensa é só um ideal. Na prática, o jornalista precisa decidir quem irá entrevistar, que declarações incluirá na matéria, quem abrirá a reportagem (se o personagem palestino ou o israelense). Tudo isso já é subjetividade e mostra a ideologia camuflada do jornalista. O bom profissional deve, portanto, estar consciente disso e lutar para equilibrar suas reportagens. Foi o que eu me esforcei para fazer.

Nasci em São Paulo, numa família judaica. Algumas pessoas talvez pensarão que isso atrapalha a minha objetividade. Da minha parte, prefiro pensar que minha formação religiosa ajuda no meu trabalho, facilitando minha identificação também com o sofrimento do povo palestino.

O jornalista é um cidadão privilegiado, que tem permissão para entrar em lugares onde o restante do público não consegue chegar. Mas tudo isso seria inútil se, na volta, o repórter não pudesse compartilhar com seu leitor tudo aquilo que viu. A intenção que tenho neste livro é de apenas dividir com o leitor as incríveis experiências que tive ao cobrir toda a Nova Intifada. Ficarei satisfeito se contribuir para o público brasileiro conhecer melhor e formar uma opinião sobre esse conflito que afeta a vida de todo o planeta.

PEQUENA HISTÓRIA DE UMA LONGA GUERRA

EM NOVEMBRO DE 1947, o diplomata brasileiro Oswaldo Aranha presidiu a histórica sessão da ONU que decidiu pela partilha da Palestina — um território do tamanho do estado de Alagoas — entre árabes e judeus. Já naquela época, o conflito era considerado antigo: os dois lados guerreavam pela Terra Santa pelo menos desde 1920. A ONU decidiu que os judeus formariam um país em 55% do território, enquanto os árabes ficariam com 45% da terra.

A partilha foi uma vitória para o sionismo — movimento político que lutava para o estabelecimento de um país para os judeus na Palestina. Já a Liga Árabe não aceitou a divisão e se preparou para a guerra.

Em 14 de maio de 1948, o premiê David Ben-Gurion proclamou o Estado de Israel. No dia seguinte, exércitos do Egito, Líbano, Iraque, Transjordânia, Arábia Saudita e Síria entraram na Palestina para acabar com o novo país. O resultado foi catastrófico para os árabes-palestinos: Israel conquistou mais territórios e acabou dono de 78% da Palestina histórica. Os 22% restantes ficaram sob domínio egípcio (Gaza) e jordaniano (Cisjordânia).

A guerra também criou os refugiados palestinos — centenas de milhares de árabes que fugiram ou foram expulsos de suas casas

Mapa da partilha da Palestina aprovado pela ONU em novembro de 1947
LÍBANO
SÍRIA
Lago da Galiléia
Haifa
Nablus
Tel Aviv
Jaffa
Mar Mediterrâneo
TRANSJORDÂNIA
Jerusalém
Mar Morto
Hebron
EGITO
Área do Estado Judeu
Área do Estado Árabe
Jerusalém e seus subúrbios (área internacional)
0
50
100 Km

no território que se transformou no Estado de Israel. Até hoje, vivem deslocados e sob condições precárias, espalhados por vários países. Quase ao mesmo tempo, Israel absorveu uma quantidade semelhante de imigrantes judeus que foram hostilizados em nações muçulmanas.

Nem todos os árabes deixaram Israel ou foram expulsos de lá. Milhares deles permaneceram no país e receberam cidadania israelense. Hoje, são mais de 1 milhão de pessoas — ou 1 em cada 6 habitantes do país — e têm um status completamente diferente do dos palestinos que vivem na Cisjordânia e em Gaza (*leia mais sobre os árabes-israelenses no capítulo "A Próxima Guerra?"*).

Nos anos seguintes à fundação de Israel, o conflito prosseguiu com milhares de mortos em ambos os lados. Um evento decisivo aconteceu em junho de 1967. Os historiadores ainda discutem se o então presidente egípcio, Gamal Abdul Nasser, falava sério quando ameaçou destruir Israel em discursos inflamados. O Estado judeu não esperou para ver se era apenas um blefe e atacou de surpresa seus vizinhos árabes, derrotando-os em apenas seis dias. Como resultado, Israel conquistou Gaza, Cisjordânia, as Colinas do Golã (território sírio), o Deserto do Sinai (território egípcio) e toda a cidade de Jerusalém, que até então estava dividida.

Seis anos depois, foi a vez dos árabes surpreenderem os israelenses. Em pleno feriado judaico do Dia do Perdão (Yom Kipur), quando o país todo estava parado, Egito e Síria atacaram. Tiveram algumas vitórias no início, mas após três semanas de combates o exército israelense conseguiu repelir os inimigos. Em 1979, o Estado judeu assinou o primeiro acordo de paz com um vizinho árabe, o Egito, e devolveu o Deserto do Sinai.

Enquanto isso, crescia a frustração nos territórios palestinos (Gaza e Cisjordânia). Nos anos 80, surgiu uma nova geração de jovens, que cresceu sob a ocupação israelense e se sentia sem futuro. Quando, em 9 de dezembro de 1987, um veículo militar israelense atropelou e matou quatro palestinos em Gaza, os territórios explodiram em revolta. Era o início da Primeira Intifada (palavra em árabe que significa "revolta" ou "sacudida").

Durante três anos, com a participação marcante de mulheres e crianças, os palestinos enfrentaram o exército israelense com pedras na mão. Morreram 800 palestinos e 15 mil foram presos (do lado israelense, menos de 50 foram mortos). A revolta só terminou quando novos e surpreendentes eventos sacudiram o mundo e transformaram o Oriente Médio: a queda do comunismo em 1989, a invasão do Kuait promovida por Sadam Hussein e a retaliação comandada pelos EUA. Em 1991, norte-americanos e russos patrocinaram uma conferência de paz para o Oriente Médio na cidade de Madri, abrindo uma nova esperança para a região.

A conferência foi o primeiro passo para uma aproximação entre israelenses e palestinos, que iniciaram conversações secretas na cidade de Oslo, na Noruega. Em setembro de 1993, numa cerimônia histórica na Casa Branca, o premiê israelense Ytzhak Rabin e o presidente palestino Yasser Arafat deram as mãos, iniciando o chamado "processo de paz".

Muitos avanços aconteceram nos anos seguintes: os palestinos começaram a se autogovernar em Gaza e em algumas cidades da Cisjordânia. Já os israelenses melhoraram sua imagem no mundo árabe e assinaram um tratado de paz com a Jordânia. A economia do Estado judeu se tornou uma das mais dinâmicas do mundo — resultado do corte em gastos militares e de uma imigração em massa de judeus para o agora atraente país.

Mas a violência e a desconfiança mútua nunca cessaram. Os israelenses continuaram expandindo suas colônias nos territórios palestinos, enquanto extremistas islâmicos usaram as novas cidades independentes da Cisjordânia e de Gaza como base para ataques contra judeus. Em novembro de 1995, o premiê Rabin foi assassinado por um israelense contrário aos acordos com os palestinos. O processo de paz perdeu um líder insubstituível e se enfraqueceu.

* * *

Mapa atual de Israel e
Territórios Palestinos
(Cisjordânia e Gaza)
LÍBANO
SÍRIA
Colinas do Golã
Haifa
Nazareth
Lago da
Galiléia
Jenin
Netanya
Nablus
CISJORDÂNIA
Tel Aviv
Ramallah
Mar Mediterrâneo
Jerusalém
Belém
Faixa de Gaza
Hebron
Mar
Morto
JORDÂNIA
ISRAEL
EGITO
Área do Estado de Israel
Área dos Territórios Palestinos
A "Linha Verde" (fronteira
informal entre Israel e os
Territórios Palestinos)
0
50
100 Km

Segundo o acordo Rabin-Arafat de 1993, a situação dos palestinos deveria ser encaminhada para uma solução definitiva nos cinco anos seguintes, mas, com a tensão crescente entre os lados, isto não aconteceu. Em julho de 2000, durante um desastrado encontro organizado às pressas em Camp David, nos EUA, Arafat e o então primeiro-ministro israelense, Ehud Barak, não chegaram a nenhum acordo — e ainda saíram brigados. O mundo prendeu a respiração.

Desta vez, os palestinos estavam mais bem preparados para enfrentar Israel. Dispunham de milhares de armas estocadas e territórios autônomos servindo de bases estratégicas. Eles também tinham uma nova inspiração — a guerrilha libanesa Hezbollah, que após 18 anos de resistência contra a presença de Israel no sul do país se declarou vitoriosa depois que Barak ordenou, em maio, a retirada de suas tropas.

Em 28 de setembro de 2000, com toda a região em estado de ebulição, o líder da oposição israelense, Ariel Sharon, visitou o lugar mais sagrado para judeus e muçulmanos em Jerusalém. Foi o estopim da Nova Intifada.

É nesse momento histórico que começa este livro.

1

A NOVA SACUDIDA

Árabes de Gaza, Cisjordânia e Jerusalém defendem a revolta

POR QUE OS PALESTINOS decidiram se revoltar e iniciar a Nova Intifada? Para entender o ponto de vista deles, é importante voltar à dramática cúpula de Camp David, em julho de 2000, cujo fracasso levou à explosão do movimento. Muita gente até hoje não entende por que Yasser Arafat recusou a oferta de paz feita pelo primeiro-ministro Ehud Barak durante a cúpula, considerada a mais generosa já proposta por um governo israelense. Barak ofereceu um Estado palestino em Gaza e em quase toda a Cisjordânia, além de metade de Jerusalém para ser a capital do novo país árabe.

Por que os palestinos disseram "não"?

Primeiro, os palestinos se consideram muito mais generosos, pois concordaram, no início do processo de paz, que num futuro acordo Israel viva nas fronteiras do armistício de 1949 — ou seja, em 78% da Palestina histórica. Eles se indignaram em Camp David quando os israelenses ainda quiseram reter parte dos 22% que lhes sobraram.

Depois, na visão dos palestinos, ninguém tem o direito de "oferecer" Gaza e Cisjordânia. Estes são territórios árabes ocupados que nunca pertenceram a Israel, portanto deveriam ser devolvidos sem maiores delongas.

O processo de paz foi um período ambivalente para os palestinos. De um lado, o nível de vida subiu e investimentos polpudos do exterior animaram a economia. Por outro lado, Israel impôs um severo controle na circulação de pessoas. Justamente nos anos 90, enquanto se discutia a paz, surgiram os bloqueios militares na Cisjordânia e em Gaza.

Israel justificava esses postos de controle como um meio de impedir a entrada em seu território de palestinos sem permissão de trabalho e de militantes suicidas. Mas os bloqueios acabaram se transformando em instrumentos de punição coletiva contra cidades inteiras da Cisjordânia e Gaza, em momentos de maior tensão. Aos olhos dos palestinos, essas barreiras eram o próprio símbolo de uma ocupação que parecia não ter prazo para terminar.

As colônias judaicas também nunca pararam de crescer durante o processo de paz. Praticamente de todas as cidades e grandes vilarejos palestinos era possível ver enormes guindastes trabalhando para expandi-las. As colônias quase sempre são construídas nas montanhas mais altas, dominando a paisagem e causando um sentimento de humilhação.

Nos anos 90, o maior construtor de residências para os colonos foi o premiê Ehud Barak, o mesmo que negociava a paz. Barak superou até mesmo seu predecessor Biniamin Netaniahu, do partido conservador Likud. Os palestinos interpretaram isso como má-fé e muitos chegaram à conclusão de que os israelenses nunca sairiam de suas terras.

O fracasso da cúpula de Camp David foi selado quando Arafat não quis — ou não pôde — abrir mão de dois verdadeiros tabus do povo palestino. Ele recusou reconhecer qualquer direito dos judeus no chamado Nobre Santuário, o lugar mais sagrado de Jerusalém para os mais de 1 bilhão de muçulmanos do mundo. Como veremos neste livro, os judeus também veneram este lugar — chamado por eles de Monte do Templo — e Israel exigiu de Arafat o reconhecimento dessa ligação, sem sucesso.

Outro vespeiro em que Arafat não ousou mexer em Camp David foi discutir sobre o destino dos refugiados palestinos. Ainda hoje eles guardam as chaves de suas antigas residências no território que atualmente é Israel, com a esperança de um dia voltar a ocupá-las. Esse sentimento é tão forte que até mesmo Arafat, o pai do movimento nacional palestino, não estava preparado para negociá-lo em Camp David.

Por coincidência ou não, durante a Nova Intifada os palestinos também perderam alguns de seus principais líderes. Morreram o presidente Yasser Arafat, o "prefeito" da Jerusalém árabe, Faisal Husseini, o intelectual Edward Said e o líder do Hamas, sheik Ahmed Yassin (assassinado por um míssil israelense).

Neste capítulo, leia uma reportagem com as destemidas crianças palestinas, que enfrentam com pedras um dos exércitos mais poderosos do mundo; o encontro com o comandante da Nova Intifada, durante o velório da primeira mulher suicida; uma visita à conturbada Faixa de Gaza, onde uma simples carta pode levar 8 meses para chegar; a história do árabe nascido no Brasil que veste a camisa da seleção brasileira para facilitar sua passagem pelos bloqueios israelenses; o adeus do povo palestino a Arafat; e o impacto do muro que os israelenses erguem para cercar Jerusalém.

A GUERRA DOS MENINOS

A guerra dos meninos vai começar, mais uma vez, na cidade palestina de Ramallah. Crianças de 7 ou 8 anos passam apressadas pelo centro da cidade, estilingues na mão. Meninos ainda menores, andando em grupos, imitam o gesto de atirar pedras. Outros vasculham o chão à procura de munição, que põem em suas pastas escolares. Os vendedores ambulantes, ocupando boa parte das calçadas, faturam vendendo para grupos de adolescentes máscaras pretas com abertura apenas nos olhos e na boca.

Abdallah, de 10 anos, está parado vendo outros meninos passarem. Diz que já participou várias vezes dos confrontos com o exército israelense na Nova Intifada, com aprovação da mãe. Mas desta vez não irá.

— Estou entediado de tanto jogar pedras — ele diz.

De fato, no início do atual conflito, viraram rotina em Ramallah os violentos confrontos entre Israel e palestinos, com grande participação de crianças. Os enfrentamentos têm até local e hora marcados: na fronteira de Ramallah com a colônia judaica Beit-El, sempre à tarde e, não por coincidência, depois do horário escolar.

No campo de batalha, ninguém parece mais se surpreender com a visão impressionante de dois garotos, cada um com não mais de 7 anos, passando com máscaras contra gás lacrimogênio. Carrinhos de doce já se instalaram no local, atraindo vários fregueses. Alguns adultos lêem jornal, outros disputam espetinhos de churrasco vendidos por um ambulante, a preço barato. Enquanto isso, um grupo de jovens arrasta uma carroceria de carro em direção ao local de conflito, para servir de proteção.

Explodem bombas de efeito moral lançadas por soldados israelenses, pedras são lançadas pelos jovens palestinos e, de vez em quando, algumas rajadas de tiros fazem aumentar a tensão por alguns momentos. Uma bomba de gás lacrimogênio faz a multidão correr, mas após a dispersão da fumaça todos voltam. As ambulâncias árabes estão à espera e, quando um ferido cai, é recolhido no veículo que dispara do local.

No centro da cidade, distante apenas quatro quilômetros dos confrontos, Mahmoud, 36 anos, passeia levando nos ombros o filho Muhamad, 3 anos, que segura uma bandeira verde decorada com passagens do Corão. Mahmoud é professor de língua árabe e seus alunos são pré-adolescentes. Dois deles morreram em recentes confrontos. O professor diz que aconselha os estudantes a não participar das batalhas, mas com pouco sucesso.

— Eles querem ir e não podemos proibi-los de participar — afirma.

O próprio professor não esconde que aprova a participação de jovens nas batalhas.

— Não diria a um filho meu para ir, mas, se ele decidisse participar, não o trancaria em casa. Não haveria problema algum.

Para ilustrar isso, Mahmoud pergunta a seu pequeno filho se ele gosta de Israel.

— Não — diz a criança.

Depois, pergunta se ele gostaria de jogar pedras.

— Sim — balbucia o menino.

Essa postura militante não é a única na cidade. Muhamad, 49 anos, mora a 20 quilômetros de Ramallah e veio fazer compras com a mulher e um dos quatro filhos pré-adolescentes. Aproveitou para mostrar o lugar dos confrontos ao filho.

— Se morássemos na cidade, acho que ele também estaria participando. Por isso não deixo nenhum deles vir sozinho para cá. Certamente eles iriam para a batalha.

Muhamad explica que as famílias ficam bravas quando as crianças dizem querer participar, mas nada adianta.

— Elas vêem as cenas na TV e, depois da aula, vão sozinhas para os confrontos.

Muitas pessoas com quem conversei em Ramallah confirmam que a hora crítica é a da volta da escola, quando as crianças se desviam do caminho e vão para o campo de batalha.

— Meus alunos estão participando. Ninguém está conseguindo mais pará-los — diz Ramez, 22 anos, professor de Educação Física numa escola da cidade.

Dez anos antes, quando morava em Gaza, Ramez era uma das crianças que enfrentaram o exército de Israel na Primeira Intifada. Hoje, ele diz que as crianças não obedecem nem aos pais nem aos professores.

— Elas vêem TV e não ligam mais para o que os pais dizem. Falo que é perigoso, mas também ninguém me ouve.

Uma conversa com três garotos de 13, 15 e 16 anos, na praça central de Ramallah, mostra o que talvez esteja acontecendo dentro das escolas. Dois dos meninos defendem a participação nos confrontos:

— Vou jogar pedras neles.

— Eu também vou.

O terceiro, inicialmente, diz não querer participar, mas diante da reprovação dos outros dois muda logo de idéia.

— Sim, sim, eu também vou.

Abdallah Abdul Mun'em, alto funcionário do Ministério da Educação palestino, reconhece o problema. Mas ele me diz que as instruções dadas aos professores estão restritas às horas que os alunos passam na escola.

— No fim das aulas, alguns vão para os confrontos. Nessa hora, não temos controle algum.

As paredes da cidade estão cobertas de cartazes com retratos de jovens mortos nos recentes confrontos. Muitas fotos são de crianças e, numa delas, um menino veste uniforme de escoteiro. O cartaz traz uma frase do Corão, afirmando que os mártires permanecem vivos no céu.

Ghassan Abdallah, diretor do Centro de Pesquisa Aplicada em Educação, uma organização não governamental (ONG) palestina, reconhece que esses cartazes podem servir de estímulo para as crianças se engajarem em confrontos nos quais correm risco de vida.

— A intenção desses cartazes é dar conforto às familias enlutadas, mas realmente podem ser mal interpretados.

Abdallah explica que considerar mártires as pessoas que morrem em combates é algo enraizado na cultura islâmica.

— De acordo com o Islã, qualquer pessoa que cai defendendo seus direitos é considerada mártir. E, no Corão, está escrito que um mártir tem garantido um lugar privilegiado no céu, ao lado dos profetas, com amáveis garotas e alimentos saborosos.

Pouco antes de explodir a Nova Intifada, israelenses e palestinos estavam engajados em reavaliar seus livros escolares, principalmente os de História. A idéia era retirar referências negativas à outra parte e começar a educar as novas gerações para uma nova era de paz. Do lado palestino, antigos livros didáticos egípcios e jordanianos estavam começando a ser substituídos por outros produzidos localmente.

— Esses livros promovem a paz e condenam a violência, mas ninguém teve ainda a oportunidade de lê-los — diz um funcionário do Ministério da Educação palestino.

ENCONTRO COM O COMANDANTE DA INTIFADA

A sala está repleta de mulheres palestinas lamentando mais um *shaheed* (mártir). Este é o nome que os palestinos dão a todos os que morrem lutando na Nova Intifada. Um pequeno gravador toca, melancólico, passagens do Corão. No centro da sala, a mãe vestida de branco segura um retrato. Pela primeira vez na história do conflito israelense-palestino, o suicida que se explodiu para matar israelenses não é um homem. O retrato é de Wafa Idris, 28 anos, uma paramédica divorciada e ligada à Fatah, a principal facção da OLP.

Idris morava com a família no campo de refugiados Al-Amari. As ruas do campo são apertadas e as construções, sofridas. Mas não há mendigos ou crianças deitadas nas ruas. Na entrada do campo, construíram um monumento de pedra homenageando outros militantes locais caídos, com datas de morte que remontam ao início da década de 1980.

Duas meninas, de 10 e 11 anos, andando de braços dados, me acompanham até a casa da família enlutada. Elas elogiam o feito de Idris, que matou um israelense de 81 anos e feriu mais de 100 pessoas no centro de Jerusalém.

— É a primeira vez que uma garota faz isso. É bonito.

A mãe de Idris recebe uma multidão de mulheres, que fazem fila para beijá-la. O velório — sem o corpo presente, retido por

Israel — não é feito na casa da família. Todos sabem que o governo israelense pune esse tipo de ação demolindo a casa do militante suicida, então a família decidiu despistar. (Não adiantou, alguns meses depois a casa dos Idris foi demolida.)

As pessoas presentes choram ou mantêm silêncio. Pergunto se alguém da família quer comentar o caso e a cunhada sai na varanda para conversar.

— O momento é difícil para nós. Wafa está morta, mas estamos contentes pelo que ela fez — afirma.

Uma amiga de Idris diz que ela era uma garota alegre e não muito religiosa, portanto não parecia ter o perfil típico do suicida.

— Às vezes ela falava que queria ser uma mártir da causa palestina. Mas todos nós queremos ser, por isso ninguém levava muito a sério o que ela dizia.

Ao contrário da Primeira Intifada, nos anos 80, quando as mulheres palestinas estiveram à frente dos protestos, na Nova Intifada a presença feminina é mais discreta. A violência do atual conflito deixou a maioria das mulheres dentro de casa e dos escritórios. Mas o feito de Idris abriu caminho para outras jovens procurarem as organizações militares palestinas. Na Nova Intifada, pelo menos outras seis mulheres se explodiram para matar israelenses e outras dezenas tentaram, sem sucesso, o mesmo feito.

Na pracinha central do campo de refugiados, formou-se um conglomerado de parentes, jornalistas e curiosos. A conversa à meia-boca foi bruscamente interrompida com a chegada de um grupo de mascarados, que começaram a dar tiros de metralhadora para o alto. Um deles distribuiu folhetos e outro escreveu com spray uma mensagem na parede. Os moradores, já acostumados com esse tipo de aparição, não se assustam. As crianças seguem os mascarados e disputam os cartuchos das balas que caem no chão de lama.

Do nada, eis que chega também o comandante Marwan Barghouti, um homem caçado pelo exército de Israel. Como líder do Tanzim, milícia paramilitar ligada à Fatah, ele é o responsável por grande parte das ações da Nova Intifada. É sabido que vive na clandestinidade, mas apareceu no velório e circulou tranqüilo entre os presentes.

Perguntei ao comandante se a Fatah enviara Idris em sua missão suicida. Ele desconversou.

— Ainda não tenho a informação do que realmente aconteceu. Mas, se ela realmente fez isso, Israel tem a total responsabilidade. Eles é que têm de fechar a indústria que produz esses atos.

Casado, 43 anos, pai de quatro filhos, Barghouti teve uma trajetória peculiar. Entrou na Fatah aos 15 anos de idade, liderou o movimento na Cisjordânia e foi preso diversas vezes em Israel, onde aprendeu perfeitamente o hebraico. Durante o processo de paz, foi um entusiasta do diálogo e participou de diversos encontros com israelenses. Mas com o estouro da Nova Intifada, liderou a luta armada na Cisjordânia.

Durante nossa conversa, ele disse ser contra ataques nas cidades de Israel, assegurando só apoiar ações dentro dos territórios palestinos, contra soldados e colonos. Perguntei ao comandante, que chama a atenção por ser baixinho, se não temia por sua vida.

— Claro que Israel tentará me assassinar, mas, quando há mais pessoas ao meu redor, tenho a sensação de que estou protegido. De qualquer maneira, minha vida está nas mãos de Deus, não nas de Ariel Sharon.

Encontrei novamente o comandante Barghouti um ano e meio depois, já preso pelo exército israelense após uma grande operação de caçada pela Cisjordânia. Ele parecia pequeno no tribunal, ao lado de três policiais e vestindo roupa de presidiário. Mas, quando começou a falar, era a própria Intifada que se expressava através do carismático líder.

— Que justiça devo esperar do ocupante? Não há Justiça para os palestinos, disse aos três juízes.

Ele defendeu a Intifada no tribunal como uma reação legítima contra a ocupação israelense e disse que o levante armado continuará até a criação de um Estado palestino independente.

— Viver sob ocupação é viver sem honra; é melhor morrer que prosseguir desse modo.

Quando mencionou sua participação em encontros de paz com israelenses, a juíza-chefe cortou sua fala.

— Você tinha dois discursos. Conversava sobre paz e, ao mesmo tempo, reunia armas — disse a magistrada.

Barghouti recusou advogado de defesa, por não reconhecer o direito de Israel de julgá-lo (ele é membro eleito do Parlamento palestino). Encerrou sua defesa defendendo um acordo de paz.

— Os palestinos não são turistas neste lugar. Vivemos aqui durante milhares de anos e continuaremos nesta terra. Mas não digo que viveremos sozinhos, há lugar para os dois povos.

Em junho de 2004, o tribunal declarou a sentença de Barghouti: culpado por cinco mortes, foi condenado a cinco prisões perpétuas consecutivas, acrescidas de 40 anos.

SEM LEI EM GAZA

A cidade de Gaza e seus arredores lembram bastante a periferia de São Paulo. A paisagem é formada por um "mar" de casas e apartamentos inacabados, de cor cinza do concreto exposto. Uma estrada deveria seguir diretamente da fronteira de Israel até a cidade de Gaza, mas o trecho está completamente destruído, impossível de servir para o tráfego. Os veículos então são obrigados a se desviar e atravessar o campo de refugiados Jabalya.

No campo, chama atenção a quantidade de charretes puxadas por burros. Sob o forte sol do início de verão, os animais de carga caminham lentos, parecendo extenuados, levando famílias inteiras, grupos de meninos e adultos sozinhos. Os cartazes com militantes armados estão espalhados por todos os lugares — em pôsteres, murais e grafites nas paredes.

O lixo também está espalhado pelas ruas e algumas crianças descalças procuram coisas entre a sujeira. Nessa região de clima desértico, as ruas secundárias são de areia. Um tonel que deve ter acumulado alguma água é cercado por cabras que ficam de pé, lambendo o conteúdo e formando um quadro pitoresco.

Toda a Faixa de Gaza é um pequeno território de 40 quilômetros de extensão por 7 quilômetros de largura. Mas ali vivem 1,2 milhão de palestinos, formando um dos lugares mais populosos do mundo. A cidade de Gaza é apenas uma localidade entre outras 40 pequenas cidades, vilarejos e campos de refugiados da Faixa.

O caminho em direção à cidade de Gaza mostra pobreza, mas o lugar não chega a ser indigno como algumas favelas brasileiras. O que evita uma situação desesperadora é o auxílio mundial dado aos palestinos, a maior ajuda internacional *per capita* concedida a qualquer outra nação desde a Segunda Guerra Mundial.

O finlandês Esko Nykanen, que me deu uma carona neste trajeto, atua numa ONG de auxílio. Nos últimos dez anos, ele percorreu os territórios palestinos, distribuindo medicamentos e comida. Durante a Nova Intifada, duas vezes por semana ele deixa sua casa em Jerusalém, a mulher e seus seis filhos, e entra sozinho em Gaza. Ex-engenheiro, Nykanen trocou a Finlândia pela Terra Santa após um retorno ao cristianismo.

— Comecei a pensar no sentido da vida e hoje dedico minha existência a Jesus. Este trabalho é melhor que passar a vida atrás de dinheiro.

Já no centro de Gaza, o trânsito é movimentado e carros novos também circulam na avenida El-Nasser. Entramos num bairro com sinais de riqueza: algumas lojas de moda e prédios bonitos. Ali fica o meu destino final: a Universidade Al-Azhar, onde fui conhecer como seus 200 professores e 13 mil estudantes enfrentam o duro dia-a-dia de Gaza.

Soldados israelenses não chegam até ali, mas a violência cerca o lugar. Duas estratégicas posições a algumas centenas de metros já haviam sido bombardeadas: a residência do falecido Arafat e um grande quartel da polícia. Os professores contam que dezenas de residências foram demolidas, a menos de 1 quilômetro.

— Em qualquer lugar do mundo, uma universidade fica numa área isolada, tranqüila e com jardins. Mas aqui é abarrotado e barulhento, diz o professor de Matemática Awni Abu Saman.

Quando menino, Abu Saman estudou em uma escola de Gaza mantida pela ONU. Depois morou dez anos no exterior, completando seus estudos. Hoje ele se sente vivendo numa "prisão", isolado do mundo.

— É difícil para professores estrangeiros virem para cá ou cooperarem conosco. Mesmo uma simples correspondência demora meses para chegar até aqui. Me mandaram uma carta de Ramallah (Cisjordânia) e só a recebi depois de oito meses.

A pequena extensão da Faixa de Gaza facilitou para que os israelenses isolassem o território durante a Nova Intifada. Quase sem comunicação com o restante do mundo, os habitantes de Gaza se viram como podem. As editoras, por exemplo, publicam livros de maneira anárquica, sem pagar direitos autorais a ninguém. Abu Saman mostra um grosso livro de cálculo, em inglês, totalmente pirateado.

— Não há lei em Gaza, diz o professor.

A biblioteca da universidade é boa, toda ela doada pelo governo da Índia. Também vêm de doações metade dos salários pagos aos professores e bolsas de estudo para a maioria dos estudantes. Até o gerador de eletricidade, que "segura a barra" durante os seguidos cortes de eletricidade, foi presente do Japão.

— Vivemos de doações do exterior, nos transformamos em mendigos — diz Abu Saman.

Por incrível que pareça, nesse ambiente de violência política e pobreza, o crime comum não é problema para os habitantes de Gaza. Os professores garantem que uma mulher pode caminhar sozinha tranqüilamente pelas ruas de madrugada, que não será perturbada. Segundo Naji Al-Dahoudi, professor de Física, o segredo está nas grandes famílias palestinas, que exercem influência sobre seus membros e asseguram a lei e a ordem.

— Tratamos o problema da violência comum dentro das relações familiares. Isso substitui a falta de autoridade — diz.

As salas de aula da Universidade Al-Azhar são como qualquer outra do mundo. Mas há uma diferença. Numa das classes, uma coroa de flores com um retrato de um jovem foi deixada numa das cadeiras. A homenagem marca o lugar onde costumava sentar um estudante do último ano do curso de Farmácia, morto na explosão de um míssil israelense que também assassinou o Sheik Ahmed Yassin, líder do Hamas, em março de 2004.

Antes de deixar a cidade, fui conhecer sua praia. O mar de Gaza entrou para a gíria política do Oriente Médio como algo terrível, assustador mesmo. O líder palestino Yasser Arafat um dia rogou praga contra um adversário gritando: "Vá beber do Mar de Gaza!". Já o premiê israelense Ytzhak Rabin disse certa vez que gostaria de ver Gaza afundando em seu mar.

Mas, na vida real, a praia de Gaza é bastante simpática. Para a população local, constitui uma verdadeira maravilha, quase a única possibilidade de diversão naquela convulsionada região. Mulheres com o véu islâmico e homens se divertem juntos na água do mar. O salva-vidas, um sujeito negro e magro, não me deixa tirar fotos dos banhistas. Diz que protege a modéstia das mulheres muçulmanas. No pequeno bar na ponta da praia, um grande retrato do Sheik Ahmed Yassin e uma foto de Arafat abraçado com crianças disputam lugar na parede.

Ofereço uma Coca-Cola ao salva-vidas, mas ele recusa gentilmente. Olha para o retrato do Sheik Yassin e suspira.

— Ele era um bom homem, agora está no céu.

Um punhado de crianças nos cerca. Uma delas diz a palavra "judeu" e faz um gesto de empunhar uma arma e atirar. Fala algumas frases em árabe, mas o salva-vidas traduz à sua maneira.

— Não temos nada contra os judeus, somente contra Sharon e seus amigos. Eu não gosto de sangue e violência, quero paz.

UMA MÃOZINHA DA SELEÇÃO

A parte oriental de Jerusalém, colada aos territórios palestinos, é marcadamente árabe. Ali as lojas exibem abertamente retratos de Yasser Arafat tendo ao fundo cenas da Nova Intifada, e as crianças não falam o hebraico, apesar de viverem no que os israelenses chamam de "capital indivisível do Estado judeu". Vi um adolescente andando despreocupado com uma camisa estampada com os dizeres "Organização Jovem da Fatah", a maior facção da OLP. (Se ele aparecesse com essa camisa na parte ocidental da cidade, onde vivem os judeus, com certeza seria preso pela polícia ou agredido pelos pedestres.)

Os habitantes árabes de Jerusalém passaram para a órbita israelense com a conquista da cidade, na Guerra de 1967. Mas nunca receberam cidadania plena. Israel não consegue absorver essa população de 200 mil árabes e concedeu a eles apenas benefícios parciais, como seguro-saúde e aposentadoria. Nessa parte da cidade, os palestinos sonham um dia proclamar sua capital.

Entre os habitantes da Jerusalém árabe está Fauzi Pereira Aurar, 36 anos, com quem converso em português. Ele nasceu no Brasil, fruto do casamento entre uma brasileira e um palestino. Com 12 anos de idade, veio com a família para Jerusalém e se estabeleceram em Beit Hanina, um dos bairros árabes da cidade.

Aurar costuma andar com a camisa da seleção brasileira, de propósito. É uma calculada estratégia para facilitar sua passagem pelos bloqueios do exército israelense. "Brasil" é uma palavra mágica nesses momentos, pela imediata simpatia que provoca tanto nos israelenses quanto nos palestinos.

— Normalmente o clima relaxa quando os soldados notam a camisa da seleção brasileira. Perguntam se jogo futebol. Mas, desde o início da Intifada, nem brasileiro é mais respeitado, se também tiver um nome árabe.

Teoricamente, não existe fronteira dentro de Jerusalém entre os bairros judaico e árabe da cidade. Mas Aurar conta que, desde o início da Nova Intifada, é parado com bastante freqüência em bloqueios móveis do exército. Às vezes, espera na fila até duas horas para ser revistado, debaixo de um sol escaldante.

Um dia antes da nossa entrevista, sua mulher deu à luz o seu terceiro filho. Por pouco não aconteceu uma tragédia. Como Aurar fora informado de que a ambulância do hospital teria problemas para passar pelos bloqueios militares e chegar até sua casa, ele resolveu levar a esposa em seu próprio carro. Isso não impediu que ficasse parado mais de uma hora, esperando para ser revistado.

— Não foi brincadeira, minha mulher passou mal.

Antes da Nova Intifada, Aurar levava a família para passear nas praias e *shopping centers* de Israel. Com o conflito, isso se tornou impossível. Ele é barrado logo na entrada e informado de que árabes não são bem-vindos.

— Eles têm medo de nós. Também tenho vizinhos judeus e noto as caras fechadas.

Sair de casa à noite é outra dificuldade. É um "convite" certo para ter problemas com a polícia de Jerusalém. Então o jeito é ficar vendo televisão.

Aurar ainda não sabe se o novo muro que Israel constrói ao redor de Jerusalém o deixará do "outro" lado, com os palestinos. Neste caso, provavelmente perderá seu emprego atual de açougueiro numa loja de judeus e sua vida ficará ainda mais difícil.

— Hoje eu ganho uma mixaria. Já vendi meu telefone e acho que terei de vender meu carro também, pois não tenho mais como pagar o seguro obrigatório. Se o muro me deixar do lado palestino, não sei se terei dinheiro para comprar água.

Durante o processo de paz, Israel fez que não via a intensa movimentação cultural e diplomática ao redor da Orient House, um casarão centenário localizado na parte árabe de Jerusalém. Todo mundo sabia que ali funcionava informalmente uma espécie de prefeitura palestina, que atendia às necessidades dos árabes da cidade e recebia até diplomatas estrangeiros. Durante anos, o "prefeito" árabe foi Faisal Husseini, membro de uma ilustre família da cidade.

O pai do "prefeito" foi o comandante das forças palestinas na Guerra de 1948 contra Israel, e um parente seu mais distante, Amin al-Husayni, foi o Grande *Mufti* (autoridade muçulmana) de Jerusalém nas décadas de 1920, 30 e 40. O clã Husseini é proprietário da Orient House há 150 anos.

Enquanto esperava Husseini para uma entrevista na Orient House, vi-o atendendo gente simples, que vinha procurá-lo para resolver problemas do dia-a-dia. Ele ouvia com atenção o caso, escrevia um bilhete de recomendação e atendia o próximo.

Apesar de defender o ponto de vista dos palestinos com fervor, os israelenses o viam como um político moderado. Várias vezes apareceu na TV do Estado judeu falando em hebraico, língua que aprendeu em suas várias passagens por prisões de Israel.

Nosso encontro aconteceu pouco antes de explodir a Nova Intifada. Naquela época, muitas pessoas — inclusive eu — ainda acreditavam que o conflito estava à beira de uma solução. Mas Husseini, imerso nos problemas diários dos árabes, tinha outra visão.

— Não haverá paz enquanto continuarem as expropriações de nossas terras em Jerusalém. Ainda há muita tensão no ar e só não explode porque os palestinos estão se segurando — disse.

Pouco depois, a revolta realmente estourou e, alguns meses depois, Husseini morreu no Kuait de um ataque do coração, durante uma viagem diplomática representando a OLP. Sessenta dias mais tarde, como reação a um ataque suicida palestino, o premiê Sharon ordenou o fechamento da Orient House. Vários governos israelenses anteriores quiseram fazer o mesmo, mas ninguém jamais ousara.

Voltei então à Jerusalém oriental, que fervia de agitação. A rua que sedia a Orient House foi fechada pelo exército israelense e o casarão, ocupado. Soldados hastearam uma bandeira do Estado judeu na varanda, enviando uma mensagem clara aos palestinos: o processo de paz retrocedeu e as aspirações árabes sobre Jerusalém foram adiadas para um futuro incerto.

Correu a notícia de uma manifestação popular contra o fechamento do casarão. Primeiro, apareceu um punhado de crianças árabes, que começou a desafiar os policiais israelenses com palavras de ordem e um "fuzil" de madeira. O clima foi ficando mais tenso à medida que se aproximava a hora marcada para a demonstração. Chegaram mais soldados, além de policiais montados em cavalos e jipes antimotim.

A manifestação atraiu algumas centenas de pessoas, que foram barradas pelo cordão policial duas quadras antes da Orient House. Formou-se ali um mosaico de esquerdistas, famílias árabes e turistas acidentais que resolveram se engajar de última hora.

Diala, uma prima de Faisal Husseini, me disse que a família exigiria o direito sobre o casarão.

— A Orient House é nossa. A ocupação foi muito ruim. Sharon nos quer fora de Jerusalém e da Palestina.

O turista norte-americano Thomas Nelson resolveu aderir à manifestação enquanto passava suas férias na cidade. Segundo ele, os judeus têm direito a viver em paz em Israel, mas atualmente as vítimas são outras.

— Hoje são os palestinos que estão inseguros — disse.

CERIMÔNIA DO ADEUS

Yasser Arafat não era um homem religioso e, em seu sonho, a Palestina deveria ser um Estado secular. Mas durante seu velório, em novembro de 2004, os palestinos o trataram como um santo. Homens, mulheres e crianças se aproximavam do túmulo para fazer orações à maneira muçulmana. Outros apenas olhavam os 25 metros quadrados onde buquês de flores, *kefies* (tradicional xale palestino) e fotografias variadas do líder morto marcavam o lugar do sepultamento.

Além dos soldados, apenas um homem em trajes civis teve permissão de mexer no túmulo. Meticuloso, ele dava pequenos retoques nas dezenas de objetos, parecendo querer colocá-los numa ordem ideal nunca atingível. Aproximei-me dele e puxei conversa. Apresentou-se como Abu Firas, secretário pessoal de Arafat durante 30 anos. Ele esteve ao lado do líder palestino em alguns dos momentos mais críticos de sua vida: em Beirute, durante a Guerra do Líbano, e também na Tunísia, onde Arafat se refugiou nos anos 80.

Também acompanhou de perto o dramático cerco que Israel impôs a Arafat na Nova Intifada, durante quase três anos. Ele aponta para um ponto do edifício semidestruído, distante algumas dezenas de metros de nós, como sendo o pequeno quarto onde o presidente se refugiou.

— A única janela disponível era a do banheiro. Podíamos ouvir os soldados israelenses dizendo "Vocês estão cercados". Ele ficou 25 dias sem tomar banho e eu ainda me lembro do longo "aaa-aaaaah" que soltou quando, enfim, entrou embaixo do chuveiro.

O túmulo de Arafat foi construído no pátio central de seu quartel-general em Ramallah, conhecido como Mukata. Esse complexo foi erguido pelos ingleses, no tempo em que dominaram a antiga Palestina. Durante meses o pátio esteve tomado por carcaças de carros velhos, colocados para tentar deter o avanço dos tanques israelenses que parecia iminente, mas que nunca aconteceu. Quando a morte de Arafat num hospital de Paris já era certa, limparam o pátio e amontoaram o ferro-velho num terreno baldio ao lado.

Mesmo com poucos recursos, os palestinos fizeram questão de dar um toque de pompa ao velório. Quatro soldados foram posicionados em cada canto do túmulo, todos eles com cara fechada, usando luvas brancas e com uma flâmula nas cores palestinas por cima do uniforme verde. Quando foram chamados para um outro lugar da Mukata, saíram marchando solenes, em passo compassado. As crianças ficaram fascinadas e adultos tiraram fotos.

Para alguém de fora, isso poderia parecer um espetáculo paupérrimo, porém, para os palestinos, é justamente o maior legado de Arafat.

— Ele nos deu uma identidade e uma bandeira. Por causa dele estamos aqui, e não no Líbano ou na Tunísia — disse-me o palestino Mohamad Ghanam, que trouxe toda a família para o velório.

Israelenses e palestinos nunca chegarão a um acordo sobre o legado de Arafat. O jornal *Yedioth Ahronot*, o maior de Israel, chamou em letras garrafais o líder morto de "o terrorista número 1". O ministro da Justiça, Yossi Lapid, confessou que o odiava e disparou: "É bom que ele tenha desaparecido do mundo". Até mesmo Shimon Peres, que compartilhou com Arafat o prêmio Nobel da Paz em 1994, ponderou que ele nunca abandonou realmente o terrorismo.

Já para os palestinos, Arafat foi o homem que sobreviveu a 40 tentativas de assassinato durante meio século de luta pela causa. Comia pouco, dormia o mínimo, nunca tirava férias, não bebia nem fumava. Um *shaheed* (mártir), como me disse no velório Ibrahim, um dos líderes da Fatah (a principal facção da OLP, fundada por Arafat) em Ramallah.

Quis saber de Ibrahim também sobre as falhas de Arafat. Então perguntei se o acordo de paz que ele assinou com Israel foi um erro.

— Não. Pode fazer esta mesma pergunta para qualquer palestino, mesmo para membros do Hamas ou da Jihad Islâmica, e você não ouvirá deles que o acordo foi equivocado. Podem dizer que não foi muito bom, mas ninguém dirá que foi um erro.

— Então qual foi o grande erro de Arafat? — indaguei.

Ibrahim olha para os lados e me puxa para uma distância segura das outras pessoas, antes de confidenciar.

— O problema é que Arafat fazia tudo de acordo com sua cabeça, não ouvia outras pessoas, não delegava poderes. Esse foi seu grande erro. Nós, palestinos, temos um Parlamento, governo, leis. Daqui para a frente, cada um exercerá seu papel. Tenho certeza de que sairemos fortalecidos.

Entre as centenas de visitantes, também encontrei Suha, uma moradora de Hebron (cidade da Cisjordânia). Diz que veio se despedir do homem que transformou uma luta de refugiados numa causa nacional.

— Arafat também cometeu erros? — perguntei.

— Ele permitiu alguma corrupção — disse a palestina.

— Como ficarão as coisas sem ele?

— No plano internacional, talvez as negociações fiquem mais fáceis. Mas internamente será mais difícil sem sua presença. Arafat era um unificador entre nós.

Por volta do meio-dia, começou um burburinho crescente perto do portão principal. De repente, centenas de crianças de todas as idades irromperam na Mukata. Chegaram marchando, organizadas por monitores e professores. Gritavam palavras de ordem, vestiam camiseta branca com o retrato de Arafat e algumas tinham o rosto coberto pela *kefieh*, imitando guerrilheiros palestinos. Esperavam exultantes a oportunidade de passar pelo túmulo e, quando o fizeram, muitas bateram continência.

Uma garota que veio ao velório acompanhada da mãe me chamou atenção. Enrolara-se numa bandeira palestina e, ao mesmo tempo, usava camiseta de uma loja de móveis de Tel Aviv, com dizeres em hebraico. Ninguém se importou com isso e ela passou despercebida. Uma mostra de como vivem próximos, no cotidiano, os dois povos em guerra.

O MURO DA GUERRA

Os moradores de A-Ram, um bairro árabe na divisa entre Jerusalém e Ramallah, nunca souberam ao certo se são israelenses ou palestinos. A maioria aqui tem carteira de identidade fornecida pelo Estado judeu, mas, em decorrência da delicada localização geográfica do bairro, seus moradores nunca receberam direitos plenos de cidadania. Agora, com o novo muro erguido pelo governo israelense prestes a cortar o bairro em dois, os problemas de identidade — e sobrevivência — apenas aumentam.

Técnicos israelenses já visitaram A-Ram e outros bairros vizinhos para marcar o traçado do muro. Segundo grupos pacifistas, que me convidaram para observar uma manifestação em A-Ram, a barreira passará bem no meio da principal avenida do bairro, dividindo famílias e negócios.

— Eu vivo na parte israelense do muro, mas meus familiares moram do lado palestino. Como ficaremos? Também há lojas de roupa e de alimentos ao longo desta avenida, mas seus negócios não se manterão — prevê o palestino Dirar, 57 anos.

Apresentei a Dirar o argumento principal dos israelenses para a construção do muro: seria a única maneira de parar os militantes suicidas enviados por organizações como o Hamas. O palestino, porém, refuta essa alegação.

— Do jeito que o muro é construído, muitos árabes continuarão vivendo do lado israelense, então a segurança não será maior. Além disso, em Gaza também há barreiras, mas quem quer se infiltrar o faz através de túneis. Este muro não conseguirá parar os suicidas.

Cerca de 100 mil árabes vivem em toda essa região e a grande maioria tem permissão para tentar obter emprego em Israel. Mas, com a chegada do muro, o trajeto que leva quinze minutos até o Estado judeu poderá aumentar para até duas horas e ainda dependerá do humor dos soldados nos postos de controle.

Os moradores de A-Ram também temem que, um dia, os israelenses simplesmente irão cancelar a permissão de trabalhar em Jerusalém de todos os que ficarem do lado palestino do muro.

— Nossa situação já está ruim e somente irá piorar. Estamos nos sentindo como coelhos numa gaiola — diz um palestino de 62 anos, que não quis dar seu nome.

O governo de Israel também envia outra dura mensagem aos palestinos com a construção do muro em Jerusalém. A barreira passa a quilômetros de distância da Mesquita Al-Aqsa e dos bairros árabes da cidade, englobando-os ao território israelense, como se quisesse dizer aos palestinos: "Esqueçam por um longo tempo a idéia de uma capital em Jerusalém".

Os quase 70 quilômetros de muralha ao redor de Jerusalém variam de formato ao longo de sua extensão. Em regiões descampadas, de poucos habitantes, o complexo chega a ter 60 metros de largura, incluindo sofisticados aparelhos eletrônicos, arame farpado e canais cavados na terra, para bloquear a passagem de carros palestinos. Em lugares muito povoados, a barreira é bem fina, mas em compensação chega a ter 8 metros de altura.

Um dos organizadores da manifestação contra o muro em A-Ram foi Uri Avnery, o mais célebre pacifista de Israel. Avnery, 80 anos, líder do grupo Gush Shalom (Bloco da Paz, em português), tem uma extraordinária história pessoal. Nascido na Alemanha, migrou com a família para a Palestina com a subida dos nazistas ao poder. Aos 14 anos de idade, ingressou no Irgun, um grupo radical judeu que realizou ações terroristas para expulsar o exército britânico da região, na década de 1940.

Após três anos de atividade no Irgun, Avnery abandonou a organização e se converteu ao pacifismo. Foi três vezes eleito deputado no Knesset (Parlamento israelense), recebeu vários prêmios internacionais — mas nenhum de seu governo. Em 1982, entrou na cidade de Beirute sitiada pelo exército israelense para ser o primeiro cidadão de seu país a fazer contato pessoal com Yasser Arafat.

Avnery acha que o muro colocará o próprio Israel dentro de um "novo gueto", isolado do restante do mundo. Quanto aos palestinos, acredita que a barreira visa transformar a vida deles num "inferno" e estimulá-los a fazer as malas e abandonar a região.

Ele me diz que entende a preocupação dos israelenses com a segurança, mas, se fosse só esse motivo, o muro deveria ser construído na Linha Verde (a fronteira informal que separa Israel da Cisjordânia), e não dentro do território palestino.

— Eu pessoalmente não gosto de muros. Mas, se fosse construído na Linha Verde, poderia até ser uma idéia razoável — pondera Avnery.

A manifestação em A-Ram reuniu algumas centenas de árabes e judeus esquerdistas. Eles trouxeram um "muro" de isopor que, simbolicamente, destruíram a pontapés. Também participou um punhado de orientais e europeus, a maioria estudantes estrangeiros de universidades israelenses. Um deles, um francês que prepara seu doutorado em assuntos bíblicos, demonstrava tédio.

— Estou cansado dessas demonstrações; deveríamos partir para atitudes mais diretas contra este governo.

O protesto também atraiu políticos árabes para A-Ram. Conversei com Mohammad Barakeh, deputado comunista do Parlamento israelense. Para ele, a barreira não só não trará segurança a Israel como também poderá levar a uma crise ainda maior.

— Este é o muro da guerra, do próximo conflito entre Israel e o mundo árabe.

2

A SÉTIMA GUERRA

Para os israelenses, uma nova tentativa de destruição

DAQUI A MUITOS ANOS, *quando se falar da Nova Intifada, talvez o fato mais lembrado seja o muro que Israel começou a construir durante o conflito. Por que os israelenses resolveram erguer centenas de quilômetros de barreira de concreto para separá-los dos palestinos da Cisjordânia?*

A idéia de erguer o muro começou ainda durante o processo de paz, nos anos 90. A população israelense ficou chocada com os incontáveis atentados terroristas promovidos por radicais palestinos. Nunca se vira na história recente do país tantas crianças, mulheres e civis despedaçados e queimados em bares, restaurantes e ônibus.

Aos olhos dos israelenses, cada vez que transferiam o controle de uma nova cidade da Cisjordânia aos palestinos, como parte do processo de paz, o lugar se transformava em base para novos ataques. Enquanto isso, a Autoridade Palestina, comandada por Yasser Arafat, fazia muito pouco para reprimir os extremistas. Muitos israelenses começaram a temer que um futuro Estado palestino se transformasse em um perigo mortal para o Estado judeu.

Quando estourou a Nova Intifada e os atentados terroristas se multiplicaram, a idéia de erguer um muro para conter os palestinos ganhou força em Israel. Avi Dichter, diretor do serviço de Inteligência e responsável por todas as ações secretas contra a Nova Intifada nos territórios palestinos, defendeu a barreira como a única maneira de conter os atentados. "É muito importante acelerar sua construção, mesmo que o dinheiro seja coletado por meio de pequenas caixas de doação, em todas as casas, com a inscrição: Muro para a Existência de Israel."

O líder conservador Ariel Sharon torceu o nariz diante da idéia e resistiu quanto pôde. Ele achava que uma barreira na chamada Linha Verde (a fronteira virtual que separa Israel da Cisjordânia) seria interpretada pelos palestinos como o reconhecimento de uma fronteira definitiva.

Mas os atentados não pararam e Sharon percebeu que, se não atendesse ao apelo popular, acabaria sendo enxotado do poder. Ele então bolou um plano: construiria um muro não na Linha Verde, mas dentro da Cisjordânia. Isso irritaria os palestinos e eles nunca aceitariam o muro como uma fronteira definitiva. O plano foi aprovado e as escavadeiras começaram o trabalho em junho de 2002.

A maioria dos israelenses aprovou a construção do muro. Pareceu a única possibilidade de parar os terroristas palestinos, que nos primeiros quatro anos da Nova Intifada mataram e feriram mais judeus do que nos 53 anos anteriores.

Leia neste capítulo o registro de uma conversa com os patriotas gays do exército de Israel; a história do general Shmuel Givon, o mais idoso militar israelense; uma visita aos sobreviventes de atentados terroristas; o ex-chefe do Mossad revela suas idéias; e a história da paulista católica que casou com um árabe e se tornou uma voluntária para servir no exército de Israel.

* * *

OS PATRIOTAS GAYS DE ISRAEL

Em 1956, dois soldados rasos do exército israelense foram levados a julgamento militar sob a acusação de praticar "relação sexual anormal". Numa atitude característica daquela época conservadora, o próprio advogado defendeu seus clientes alegando que eram doentes mentais. Mas nem isso adiantou e eles foram condenados à cadeia. Já na Nova Intifada, como uma mostra da radical mudança em relação aos gays nas forças armadas de Israel, a revista oficial do exército publicou uma matéria de capa elogiando um oficial que assumiu sua homossexualidade.

Em Israel, a maior parte dos jovens quer servir no exército ou pelo menos se resigna a dedicar três anos da vida ao serviço militar. E os gays não são diferentes.

— Este país seria varrido do mapa em uma semana se não houvesse um exército forte. Estamos cercados por milhões de pessoas interessadas em acabar conosco. Então todos participam, inclusive os gays, diz o oficial homossexual Gadi Sason.

Sason, 28 anos, teve uma trajetória impecável no exército israelense. Após servir nos três anos obrigatórios, voluntariou-se para mais 18 meses. Lutou contra a guerrilha islâmica Hezbollah no sul do Líbano, participou de ações arriscadas na Cisjordânia e fez parte de uma unidade de tanquistas no Golã (região montanhosa síria conquistada por Israel na Guerra de 1967). Foi promovido a capitão e só não seguiu a carreira militar porque não suportou o ambiente extremamente machista.

Hoje ele é o editor da revista *Hazman Havarod* (Tempo Rosa), a publicação oficial da comunidade gay israelense, distribuída gratuitamente nas bancas de jornal.

Essa atividade não impede que Sason compareça todos os anos à sua base militar, onde realiza serviço de reservista, durante um mês. Apesar de se declarar um simpatizante da esquerda, ele tem idéias duras quanto aos palestinos.

— Eles nos fizeram sentir que não estão prontos para um acordo. Pensávamos que concederíamos terras e haveria paz, mas há muito ódio vindo do outro lado.

Uma visita à AGLBT (Associação de Gays, Lésbicas, Bissexuais e Transexuais de Israel) revela que os homossexuais do país estão tão engajados contra a Nova Intifada quanto o restante da população. A associação fica no centro de Tel Aviv, uma cidade considerada pelos gays um oásis de liberalismo dentro de uma sociedade conservadora. No topo da sede, tremulam três enormes bandeiras com as cores do arco-íris, o símbolo gay internacional.

Conversei em português com L***, 24 anos. Ela é filha de brasileiros e militante do movimento gay. Descobriu ser lésbica no próprio exército, quando serviu durante dois anos numa base militar de treinamento de combatentes.

— O trabalho era bem masculino e a maioria das mulheres era lésbica — revelou.

L*** tem um problema no joelho e poderia ter conseguido dispensa do serviço militar. Mas ela fez questão de se alistar e trabalhou na base como secretária.

— Acho que prestar serviço militar é importante em Israel. A situação não é boa e até uma secretária pode contribuir.

L*** contou ao seu superior e às colegas da base sobre sua homossexualidade, mas diz que não foi importunada. Essa liberalidade é produto de dois episódios ocorridos na década de 1990 e que mudaram a atitude quanto aos gays nas forças armadas israelenses.

No primeiro, o exército tentou expulsar um oficial que se declarou gay publicamente. O pretexto foi seu acesso a documentos sigilosos, e o exército alegou que ele poderia ser chantageado pelo inimigo. O oficial "comprou a briga" e o caso foi parar no Parlamento. Os deputados deram ganho de causa ao militar, concordando com sua opinião de que quanto mais assumido for o homossexual, menor será a chance de sofrer chantagens.

No segundo episódio, o companheiro de um militar morto na guerra exigiu na Justiça direitos de viuvez — como pensão, ajuda para pagar o curso na universidade e viagens ao exterior. Ele venceu o processo e seu caso virou lei para todos os casais gays do país.

Mas a maioria dos homossexuais ainda prefere adotar uma posição discreta dentro do exército. O major gay Shaul Ganon me contou que disfarçava sua homossexualidade na base militar pregando fotos de garotas em seu armário. Quando seu companheiro o chamava por telefone, fingia que estava conversando com uma mulher, para não atrair suspeitas.

Sua atitude "dentro do armário", ou seja, de discrição quanto à homossexualidade, foi reforçada por seu físico. Ganon é corpulento, mede 1,90 metro e pesa 110 quilos. Usa cabelo cortado rente, no estilo militar. Como trabalha com jardinagem, sua mão é cheia de calos. Seu desempenho no exército também reforçava a "macheza": serviu em unidades de combate e da inteligência militar, pilotou tanques e fez curso de piloto de caça.

— Fui um "boina-verde" do exército israelense — diz, referindo-se à tropa de elite dos Estados Unidos.

Mas Ganon rejeita a postura machista típica dos militares. É vaidoso e demora para revelar sua idade: 37 anos. Além do mais, quando um colega passa pela porta de seu escritório na AGLBT, ele interrompe nossa conversa para lançar um beijinho a distância.

Quanto aos palestinos, como a maioria de seus concidadãos, Ganon tem uma posição firme. Diz que é a favor de um Estado independente para eles, porém defende que a Nova Intifada deve ser tratada com rigor.

— Na região em que vivemos, não podemos nos comportar como europeus. Algumas pessoas têm dificuldade em entender a mentalidade específica deste lugar — assegura.

* * *

O VELHO SOLDADO CALÇA AS BOTAS NOVAMENTE

— Em nome do povo judeu, você foi condenado à morte.

Shmuel Givon pronunciou a sentença sem nenhuma emoção. Depois, preparou a pistola e se aproximou do nazista. Era um lugar ermo, isolado, sem ninguém para perturbar. Alguns tiros e o assunto estava liquidado. Desta vez ele abateu um oficial da SS — a unidade de elite do partido nazista; na ocasião anterior, foi um guarda de campo de concentração. Givon cumpria sua missão à risca: localizava criminosos de guerra na Europa recém-libertada pelos aliados e os eliminava.

Com seus olhos azuis, aparência de ariano e falando o alemão sem sotaque que aprendera em sua Áustria natal, apresentava-se em bares na Europa como um oficial nazista interessado em fugir para a América do Sul. Não era muito difícil se enturmar, identificar as rotas de fuga e encontrar os verdadeiros SS. Ele então os atraía para um lugar onde outros companheiros, também vindos da Palestina, esperavam a presa.

— Após termos certeza de que havíamos pego um criminoso nazista, fazíamos o que se chama de julgamento de campo. Durava de 30 minutos a três horas. No final, fazíamos a execução.

Givon cumpria a Operação Vingança, determinada por seus superiores na Palestina, sem nenhum remorso. Quem sabe um daqueles nazistas não tenha sido mesmo o responsável pelo assassinato de seu pai, no campo de concentração de Bergen-Belsen? Ou então de sua mãe, em Auschwitz? Talvez tenha sido o executor de seu irmão, que desapareceu sem deixar rastro durante o Holocausto?

Esta é apenas uma das muitas histórias vividas pelo general-brigadeiro Shmuel Givon, 79 anos, considerado o mais velho soldado do exército de Israel. Veterano da Segunda Guerra Mundial e de todas as guerras de Israel contra os países árabes, na Nova Intifada ele voltou a calçar as botas. O general aposentado se voluntariou para servir em bases militares e chegou a prestar 45 dias seguidos de serviço.

— Minha mulher diz que cavalo velho tem de ficar no estábulo. Mas me ofereço como voluntário para que a moçada mais jovem possa tirar um pouco de folga — justifica, bem-humorado.

Givon tinha 22 anos quando foi convocado para caçar nazistas na Europa, mas já então ele tinha acumulada uma boa experiência militar. Ingressara quatro anos antes na Haganah, uma força paramilitar dos judeus antes da fundação do Estado de Israel. Naquela época, o marechal nazista Erwin Rommel avançava suas tropas impetuosamente rumo ao Egito e o objetivo era chegar até a Palestina, com resultados previsíveis para os judeus.

Em caso de invasão, os judeus da Palestina já tinham um plano preparado. Todos seriam evacuados para o Monte Carmel — o mesmo lugar onde o profeta bíblico Elias enfrentou os adoradores de Baal — e lutariam contra o inimigo até o fim. Givon foi convocado para o chamado Comando Alemão, uma tropa de elite judaica que se infiltrou por detrás das linhas nazistas na África, para sabotar o inimigo. Quando o marechal Rommel foi derrotado na batalha de el-Alamein, em outubro de 1942, Givon voltou para casa.

O descanso, porém, durou pouco. Voluntariou-se dessa vez para o exército britânico e foi enviado para a guerra na Europa. Em 1948, quando estourou a primeira guerra árabe-israelense, ele foi um de seus principais comandantes. Até hoje, na estrada que liga Tel Aviv a Jerusalém, vêem-se as carcaças de veículos militares destruídos na luta.

— Metade desses carros era de meus comandados — lembra o general.

Givon terminou a guerra com dois ferimentos: na perna e na cabeça. Mas continuou a vida militar, na Guerra do Suez (1956) e na Guerra dos Seis Dias (1967). Um ano depois, afastou-se dos quartéis para construir uma fábrica no deserto. Mas desde então, todos os anos, ele se voluntaria como reservista.

Givon confessa que nunca pensou que o conflito com os árabes iria durar tanto tempo. Alguns de seus sete netos servem hoje no exército, em unidades de elite que combatem a Nova Intifada.

— Se me dissessem em 1948 que ainda haveria guerra nos dias de hoje, eu não acreditaria. Nosso desejo naquela época era de que pelo menos nossos netos não tivessem mais de lutar.

Givon, quando jovem, sonhava em trabalhar na agricultura. Diz que nunca sentiu ter vocação para a vida militar.

— Não gosto de guerras, mas tive de lutar por não ter outra alternativa.

Ele ainda espera ver o dia em que israelenses e árabes chegarão a um acordo de paz definitivo. Tem esperança de ainda ver isso nos próximos anos.

— Temos de chegar a uma situação que seja boa para nós e para os palestinos. Sou um otimista fervoroso.

AS VÍTIMAS DO TERROR

Se um paciente brasileiro fosse fazer uma consulta com o psicólogo israelense Yoel Livneh, provavelmente levaria um susto. Ele atende seus clientes com uma pistola na cintura, à mostra. Livneh se especializou no tratamento de um segmento muito especial de pessoas: as vítimas de atentados terroristas. Mas a violência não se limita ao que ele ouve em seu consultório. Morador de uma colônia judaica na Cisjordânia, o psicólogo viaja por estradas perigosas todos os dias e a arma no coldre é a sua segurança pessoal.

Alguns de seus pacientes são seus próprios vizinhos colonos, alvos prediletos dos palestinos na Nova Intifada. Entre os casos mais graves de que ele trata, estão pessoas que se envolveram em mais de um atentado. Num caso, um colono foi confundido com um terrorista e seu carro virou alvo de tiros do próprio exército israelense. Algum tempo depois, a mesma pessoa caiu numa armadilha de palestinos e foi alvejada enquanto dirigia acompanhada de seu filho.

— O primeiro incidente ele conseguiu superar. Mas, após o segundo, desenvolveu sentimentos de culpa por o episódio ter envolvido o filho e desmoronou emocionalmente — conta o psicólogo.

Centenas de sobreviventes de atentados terroristas em Israel sofrem de insônia, problemas de concentração e chegam até a perder o emprego como conseqüência do trauma. Outras vítimas simplesmente se fecham em casa, com medo de sair na rua.

— Há pessoas que se envolveram em atentados há 30 anos e até hoje não funcionam direito — diz o psicólogo.

Ele compara um atentado terrorista aos círculos formados na água quando uma pedra é jogada num lago. No primeiro círculo, estão os mortos. No segundo, os feridos. E nos seguintes, familiares que sofrem com a dor de entes queridos ou até colegas de trabalho que desenvolvem problemas psicológicos após o ataque contra uma pessoa conhecida.

Vicky Vizielman, 37 anos, é um exemplo de vítima de atentado num desses círculos mais afastados. Ucraniana, ela migrou com o marido, duas filhas e os sogros para Israel em busca de uma vida melhor. Conseguiu um emprego de enfermeira e o marido arrumou trabalho como cozinheiro do Hotel Park, na cidade de Netanya. Em março de 2002, num dos piores atentados da Nova Intifada, 29 pessoas morreram no restaurante do hotel. Por milagre, o marido-cozinheiro foi pegar algum alimento na geladeira no momento da explosão e escapou ileso.

Mas ele não teve a mesma sorte algumas semanas mais tarde. Enquanto fazia compras no mercado de rua, foi assassinado num outro atentado terrorista. Começou ali o pesadelo de Vicky Vizielman. Como se não bastasse a perda do marido, ela começou a ser hostilizada pelos sogros, que a culparam pela morte do filho, por ter pedido que ele fosse ao mercado naquele dia fatídico.

O ambiente no apartamento da família virou um inferno. Mas Vicky, com poucos recursos, não conseguiu mudar de casa. Para aumentar seu sofrimento mental, os sogros se recusaram a aceitar a venda do imóvel e a repartir o valor.

Um caso ainda mais dramático é o do israelense nascido na Etiópia, Elad Vassi, 25 anos. Ele costumava ganhar a vida como auxiliar de feirante. Com o pouco dinheiro que ganhava, ajudava o pai e a mãe desempregados e alguns de seus nove irmãos. Vassi gostava de jogar futebol nas horas livres, mas agora está paralisado da cintura para baixo e dependente de uma cadeira de rodas.

Ele se lembra do momento exato do atentado. Como sempre, estava atendendo fregueses da feira livre, numa rua estreita e barulhenta no centro de Netanya. Arrumava a banca cheia de batatas, cenouras e cebolas, quando uma verdura caiu no chão. Ele se abaixou para pegá-la mas, quando se levantou, ouviu uma explosão e, de repente, tudo ficou escuro.

— Não me lembro de mais nada e só acordei no hospital.

Mesmo após quatro meses de internação, os médicos não conseguiram retirar de seu corpo todos os objetos metálicos da explosão. Vassi me mostrou num copinho três pregos retirados nas cirurgias. Trata-se de peças metálicas que os terroristas carregam junto com a bomba, para causar o máximo possível de estragos.

— Tinha muitos pregos como este dentro de mim. Nosso corpo não está acostumado com coisas desse tipo.

O jovem entrou em depressão profunda no hospital, inconformado com sua nova situação. Perdeu o emprego e ficou sem dinheiro. Não consegue nem visitar a família, que mora no quarto andar de um edifício sem elevador.

O governo israelense, mesmo enfrentando uma crise econômica, aprovou um pacote de ajuda para as vítimas de atentados. Os sobreviventes recebem salário durante todo o período de tratamento (valor médio de R$ 3.600,00 por mês para uma família com crianças), viagem para tratamento no exterior e equipamentos especiais para vítimas que ficaram paraplégicas ou cegas.

No caso de mortos, as famílias passam a receber uma pensão (uma viúva com dois filhos ganha R$ 6.100,00 por mês), e pais aposentados de vítimas recebem um aumento de 10% na aposentadoria. O órfão ganha uma ajuda em dinheiro quando se casa e também quando quer comprar residência própria. Os parentes dos mortos que vivem no exterior recebem passagens aéreas gratuitas para participar dos funerais.

O ESPIÃO-MOR REVELA SUAS IDÉIAS

O general Danny Yatom, ex-chefe do Mossad, o célebre serviço secreto de Israel, sabe guardar bem um segredo. Enquanto ele se preparava para me dar uma entrevista, comentei a informação de um site da internet onde se calcula que o Mossad emprega cerca de 1.500 agentes espalhados pelo mundo. O general apenas sorriu e eu, claro, não insisti numa resposta. Mas, quanto às suas preferências políticas, Yatom é bem menos reservado. Em seu escritório, um grande retrato de Ytzhak Rabin, o iniciador do processo de paz, destaca-se entre outras inúmeras fotos de presidentes, premiês e outras autoridades internacionais que conheceu em sua vida pública.

Numa dessas fotos, Yatom está ao lado de Bill Clinton e do ex-premiê israelense Ehud Barak, negociando a paz com os palestinos em Camp David. Em outra, datada de 1972, aparece em ação durante o resgate de reféns num aeroporto israelense.

Yatom, 56 anos, fez uma carreira marcante no exército, antes de ingressar no Mossad. Após participar das guerras de 1967, 1973 e 1982, enfrentou a Primeira Intifada como comandante militar da Cisjordânia. Yatom entrou para a história do serviço secreto israelense como o primeiro diretor a ser publicamente conhecido. Até então, os chefes eram identificados apenas por suas iniciais, como seu antecessor, "S".

O Mossad (Instituto, em português) tem a missão de espionar e de executar missões secretas para o governo israelense em países estrangeiros. Entre suas mais célebres operações estão o seqüestro na Argentina do criminoso nazista Adolf Eichmann, em 1960; a eliminação dos responsáveis pelo massacre de atletas israelenses na Olimpíada de Munique, em 1972; e um espetacular resgate de reféns no aeroporto de Uganda, quatro anos mais tarde, que até virou filme. O Mossad também assassinou vários líderes palestinos na Europa, no Oriente Médio e no Norte da África.

Yatom comandou o "Instituto" durante dois anos, até 1997, quando falhou na operação destinada a assassinar um dirigente do Hamas na Jordânia. Agentes israelenses conseguiram injetar veneno no seu alvo, mas foram capturados logo em seguida. O fiasco levou a uma crise entre os dois países e Yatom foi obrigado a despachar um antídoto para salvar a vida do dirigente radical. Renunciou alguns meses depois e, identificado com a esquerda moderada, afastou-se da vida pública após a eleição de Ariel Sharon.

Em Israel, ex-chefes dos serviços de inteligência tradicionalmente são contratados pelas mais importantes empresas privadas do país. Eles são apreciados por suas habilidades de organização e liderança, que antes eram usadas em ações secretas. Com Yatom aconteceu o mesmo e hoje ele ocupa a presidência de uma das maiores empreiteiras do país. Foi ali, no segundo ano da Nova Intifada, enquanto se exercitava com um pequeno aparelho de musculação, que Yatom me deu a seguinte entrevista:

PERGUNTA — *O sr. trabalhou intimamente com os primeiros-ministros Ytzhak Rabin, Shimon Peres e Ehud Barak, políticos que apoiaram a idéia da independência palestina. Qual o real perigo para Israel de um Estado palestino?*

YATOM — Se esse Estado for um vizinho pacífico, não vejo nenhum problema. Mas, se for hostil, terá um efeito sobre a população palestina e poderá inspirar atos terroristas. Sem dúvida, será um risco calculado que Israel terá de assumir, mas precisaremos de uma base sólida. Necessitaremos de um período interino, de hoje até o estabelecimento desse Estado, para acompanhar como a liderança palestina atua, se lutará contra o terror.

Se esse Estado fosse estabelecido hoje, seria pacífico ou hostil contra Israel?

YATOM — Me parece que seria hostil. Mas minha crença é de que quando houver uma ação palestina de pacificação genuína, com resultados efetivos, teremos uma base para negociações sérias.

Israel, no futuro, poderá oferecer aos palestinos o mesmo que Barak propôs em Camp David, ou seja, praticamente toda a Cisjordânia?

YATOM — Acho que esse é o único jeito de se chegar a um acordo. Penso que no final haverá uma solução segundo esses parâmetros.

O Irã continua fazendo ameaças de aniquilação contra Israel e seu programa nuclear caminha a passos rápidos. Como isso será enfrentado?

YATOM — Teremos de fazer o máximo, junto com a comunidade internacional, para que o Irã não adquira capacidade nuclear. Se esses esforços mundiais não tiverem sucesso, isso representará uma ameaça muito severa para a existência de Israel. Não será um problema simples e teremos de decidir então o que fazer.

Após os atentados de 11 de Setembro nos EUA, quais são as mudanças nos serviços de inteligência mundiais?

YATOM — Antes não havia colaboração entre todas as agências de inteligência do mundo livre. Agora, a colaboração se intensificará e os aparatos de segurança irão cooperar de maneira mais íntima, tanto na informação quanto na operação. Também haverá mais investimentos e rastreamento do dinheiro que alimenta os grupos terroristas.

Quais os desafios para o Mossad neste início do século XXI?

YATOM — O Mossad terá de aprimorar sua capacidade de defender os interesses vitais de Israel contra ameaças existenciais.

Nosso foco principal serão as tentativas do Irã e outros Estados inimigos de adquirir armamentos de destruição em massa. Também continuaremos a recolher informações sobre atividades terroristas. Outro ponto será defender nosso Estado contra guerras de grandes proporções. Não podemos esquecer que ainda estamos em estado de guerra com Síria, Líbano, Arábia Saudita e a maioria dos países islâmicos.

Existe um mito envolvendo a eficácia do Mossad, tido como um serviço secreto que quase nunca falha. Isso é realidade ou ficção?

YATOM — O mito é idêntico à realidade. Não digo que nunca falhamos, mas no geral o Mossad é uma organização excelente, acho que a melhor do mundo em sua categoria. Não se deve julgar agências como o Mossad ou a CIA apenas pelo que se sabe delas, porque o que se sabe é muito pouco, o público só conhece nossas falhas. São publicadas apenas as coisas ruins porque os sucessos ninguém fica sabendo.

Um dos mitos diz que o Mossad está presente em todo lugar. Um país como o Brasil, por exemplo, interessa à organização?

YATOM — Isso é parte do mito, pois o Brasil não representa nenhuma ameaça a Israel, pelo contrário. O Mossad tem de concentrar seus esforços, não pode estar em todos os lugares, o tempo todo. Eu não alocaria nenhum recurso para estudar a situação interna de um país como o Brasil.

VOLUNTÁRIOS DE UMA OUTRA PÁTRIA

No último dia do ultimato dado pelo presidente George W. Bush para Sadam Hussein se render, em 19 de março de 2003, Israel não era exatamente o lugar mais seguro do mundo. Pelo contrário. O país todo estava em prontidão, esperando uma retaliação de mísseis iraquianos. A tensão era ainda maior na enorme base israelense Tel Hashomer, localizada bem perto de Tel Aviv e com certeza um dos alvos prediletos de Hussein. Então, o que fazia ali na base, com uniforme israelense, a brasileira Gabriela Carvalho, 23 anos, católica, paulista nascida em Santos?

Gabriela é um dos milhares de voluntários do mundo todo que procuram o exército de Israel para ajudar em seu esforço de guerra. Nos últimos 20 anos, 85 mil pessoas de 30 países já participaram do programa. Em 2002, em plena Nova Intifada, 78 brasileiros se voluntariaram, representando 1% do total.

Gabriela nunca tinha ouvido falar muita coisa sobre Israel, até começar um curso de moda numa faculdade de São Paulo. Foi quando conheceu e ficou amiga de uma garota judia da Bahia, que despertou seu interesse pelo país. Em agosto de 2001, no ápice da violência da Nova Intifada, as duas trancaram a matrícula na faculdade e foram viver num kibutz (fazenda de inspiração socalista). Durante a viagem, Gabriela se apaixonou por um árabe-israelense, também católico.

Ela voltou ao Brasil, mas dois meses depois o namorado viajou para São Paulo, para pedi-la em casamento. A cerimônia aconteceu em Haifa, norte de Israel, onde o casal passou a viver. Como todo árabe cidadão israelense, o marido da brasileira estava isento do serviço militar. Mas ele se voluntariou assim mesmo e serviu durante três anos.

— Na família, todos dizem que ele é um judeu disfarçado — diz Gabriela, rindo.

A experiência do marido despertou o interesse da brasileira pela vida militar israelense.

— Eu sempre achei legal ver os soldados nas ruas e o fato de que as mulheres também participam. Quando tiver filhos, quero voltar a morar no Brasil. Mas eu gostaria que eles também se alistassem um dia. O exército dá disciplina e responsabilidade.

Gabriela diz que tem "amor" por Israel, mesmo já tendo percebido que o país privilegia seus cidadãos judeus. Quando veio pela primeira vez com sua amiga judia, as duas tiveram de se separar, pois só a amiga tinha direito a freqüentar um curso de hebraico gratuito. Ela, porém, diz entender a situação.

— Me sinto meio de lado por não ser judia, mas isso não me incomoda. Sei que, com razão, este lugar pertence aos judeus.

O fato de se voluntariar para o exército e ainda afirmar que "adoraria servir na Cisjordânia ou em Gaza" não faz de Gabriela uma pessoa acrítica da situação política.

— Dou e não dou razão para os dois lados. Para os palestinos, é um choque viverem acuados, com um exército que não os deixa respirar. Mas também os árabes têm 99% do Oriente Médio e não permitem aos judeus viver em 1% do território, e não acho isso certo de jeito nenhum.

Gabriela, assim como todos os outros voluntários da base, não carrega armas e faz um trabalho relativamente simples. Ela passa o dia preparando bolsas com equipamentos médicos — bisturi, remédios, tesoura — que abastecerão o serviço de emergência do exército.

Segundo a sargenta Lia Hait, responsável na base pelos voluntários, o aparato militar israelense já se tornou dependente dessas pessoas.

— Se eles parassem de chegar ao país, teríamos de convocar soldados regulares e reservistas para fazer o mesmo serviço — garantiu Hait.

No dia em que visitei a base, havia cerca de 30 voluntários e, segundo me disseram, metade era formada por cristãos. Betty Magall, 60 anos, é um deles. Viúva de um militar norte-americano, com dois filhos e também netos, Betty trabalhava na base havia cinco meses. Sua principal motivação é religiosa.

— Sou cristã e a Bíblia fala de judeus e gentios vivendo juntos. Talvez nossos cultos sejam diferentes, mas acreditamos no mesmo Deus. Me sinto tão orgulhosa com este uniforme como se fosse o do exército norte-americano.

A motivação de Betty faz com que ela não se incomode com as duras regras da base militar. A rotina espartana começa às 6 da manhã, com um banho muitas vezes gelado. Todo fim de semana, os voluntários são obrigados a deixar o acampamento e a norte-americana, então, costuma pegar três ônibus para chegar a Jerusalém, com todos os riscos que o transporte público israelense oferece. Também quando volta, no domingo, tem de carregar sua mala desde a entrada até o seu dormitório — 500 metros sob o sol abrasador do Oriente Médio.

3

Entre a lua e a estrela

A decisiva influência da religião no conflito

O conflito entre israelenses e palestinos já seria bastante complexo se fossem apenas dois povos disputando um pequeno território entre o Rio Jordão e o Mar Mediterrâneo. Mas, sendo esse território também Terra Santa, tudo fica ainda mais complicado. A religião tornou a posse da terra uma questão sagrada, e muitos judeus e muçulmanos interpretam concessões para o adversário como uma traição à sua fé.

Os judeus apresentam o Antigo Testamento como prova de que a terra disputada com os palestinos pertence totalmente a eles. A evidência estaria nas promessas de Deus a Abraão, Isaac e Jacó, por volta do ano 1800 a.C. Moisés nunca colocou os pés nessa terra, mas prometeu aos judeus que herdariam um território até maior que os conquistados pelo exército israelense na Guerra dos Seis Dias, em 1967.

A Bíblia conta que os judeus antigos viveram durante 1.300 anos nessa região, quase sempre de forma precária e enfrentando os mais diferentes invasores. No ano 70 d.C., após uma grande rebelião dos judeus contra Roma, a cidade de Jerusalém foi destruída e seus habitantes, exilados. Uma pequena população judaica continuou vivendo na região, mas sem nenhuma força política, até 1948, ano da fundação do Estado de Israel.

O islamismo também guarda uma íntima ligação com essa terra, especialmente com Jerusalém. O profeta Maomé, no início de sua pregação, ordenou aos muçulmanos que rezassem em direção àquela cidade, e só mais tarde mudou o curso para Meca. Maomé nunca esteve em Jerusalém, mas os intérpretes islâmicos viram na experiência mística do profeta descrita no capítulo 17 do Corão como sendo uma viagem transcedental até a cidade. No ano 638, os muçulmanos conquistaram a Palestina e a dominaram durante mais de 1.300 anos, até a proclamação do Estado de Israel.

Neste capítulo, cinco reportagens mostram a influência decisiva da religião na Nova Intifada: a insólita história do judeu ultra-ortodoxo Joseph Cohen, que se converteu ao islamismo radical; um perfil do rabino que foi ministro de Arafat; uma visita à Esplanada de Jerusalém, onde tudo começou; o novo bispo católico para a Terra Santa, que nasceu judeu; e o triste Natal de Belém sob toque de recolher.

O JUDEU DO HAMAS

O Hamas é um grupo radical palestino fundado em 1987 com o objetivo de destruir Israel e criar em seu lugar um Estado regido pela lei islâmica. O grupo nega qualquer possibilidade de compartilhar a Palestina com não-muçulmanos e defende a guerra santa contra o Estado judeu. O Hamas nunca aceitou o processo de paz e foi responsável por dezenas de atentados que mataram centenas de civis israelenses. Sua fúria antiisraelense é tão intensa que muitos chegam a tachar o grupo de anti-semita.

Mas isso não impediu Joseph Cohen, um jovem pai de família nascido em Nova York, de deixar para trás sua vida de judeu ultra-ortodoxo e apoiar de corpo e alma o Hamas e seus ideais. Alguns dias antes de nosso encontro, um terrorista suicida havia explodido um ônibus no centro de Jerusalém. Cohen, que mudou seu nome para Yousef Khatab após sua conversão ao islamismo, não sente mais nenhuma compaixão por seus antigos correligionários judeus. Diz que o Corão proíbe o suicídio, portanto o Hamas deveria mudar só um pouquinho sua estratégia.

— O correto seria o militante deixar a bomba e sair do local, sem se matar — sugere.

Os olhos azuis e a pele branca de Khatab, 34 anos, o fazem algo diferente da multidão de árabes que passam pelo café em frente ao Portão Damasco, na Cidade Velha de Jerusalém. Khatab se tornou figura popular na cidade após ter sido entrevistado pela imprensa internacional e pela TV israelense. Enquanto conversamos, vários pedestres param em busca de um aperto de mão ou uma rápida conversa em árabe, língua que Khatab já domina.

A parte árabe da cidade, conhecida como Jerusalém Oriental, fica a apenas cinco minutos de carro da parte judaica, chamada de Jerusalém Ocidental. Nenhuma barreira física separa as duas partes, mas são pouquíssimos os judeus que se aventuram pelas ruas árabes e o contrário também é verdadeiro. Nessa cidade virtualmente dividida, cada um sabe o seu lugar.

Khatab um dia usou o capote preto e o chapéu típicos dos judeus ultra-ortodoxos. Hoje ele está diferente. Veste-se como um fiel muçulmano, com um roupão folgado que tem a função de cobrir todo o seu corpo e ao mesmo tempo não marcá-lo, por uma questão de modéstia. Khatab cobre sua cabeça com uma espécie de solidéu e também cultiva uma barba, mas toma o cuidado de deixá-la sempre aparada, com o claro propósito de não ser confundido com judeus ortodoxos.

É difícil hoje imaginar que Khatab, enquanto se chamava Cohen, chegou até a morar numa colônia judaica em Gaza, onde normalmente vivem os mais radicais direitistas israelenses, mas assim era sua vida pouco antes de sua conversão. Ele nasceu numa família judaica de Nova York, não muito religiosa. Mas aos 17 anos, por conta própria, aproximou-se do judaísmo ortodoxo e decidiu passar sua juventude estudando numa *yeshiva* (seminário para a formação de rabinos) de uma das mais fechadas seitas judaicas, os

Satmer. Seguindo a tradição mais rigorosa, casou-se cedo, aos 22 anos, e teve quatro filhos, todos educados na ultra-ortodoxia. Ganhava a vida naquela época visitando restaurantes de Nova York e verificando se seguiam as rigorosas regras dietéticas do judaísmo.

Depois mudou de emprego e começou a vender carros usados na periferia da grande metrópole dos Estados Unidos, mas vivia descontente. Um dia resolveu mudar radicalmente de vida e se transferiu com toda a família para Israel, escolhendo como residência Gush Katif, um bloco de colônias judaicas situadas no coração de Gaza. Ganhava a vida vendendo *softwares*, mas continuava infeliz. Foi quando, numa noite enquanto navegava na internet, sua vida mudou completamente.

Ele participava de um *chat* na internet quando um muçulmano dos Emirados Árabes Unidos entrou na mesma "sala" para participar de uma discussão sobre o conflito no Oriente Médio. Os dois ficaram trocando mensagens noite adentro e Cohen acordou no outro dia sentindo-se modificado. Porém se passaram mais dois anos até que convidasse a esposa para passear e fizesse a revelação.

— Disse a ela que a amava e que gostaria que continuássemos casados. Mas que eu estava decidido a me tornar um muçulmano.

Não houve maiores problemas para que toda a família também se convertesse e recebesse nomes árabes. Seu filho mais velho, Shalom Rahamim, tornou-se Abdel Rahman; o filho Ezra recebeu o nome de Abdel Aziz; o caçula Ovadia passou a se chamar Abdallah; e os demais seguiram a mesma linha. Mudaram-se para Jerusalém Oriental, Khatab matriculou os filhos numa escola da Autoridade Palestina na Cisjordânia e pediu ao governo israelense que mudasse sua religião em sua carteira de identidade. O governo recusou o pedido por dois anos, no entanto, quando Khatab ameaçou levar o caso para instâncias superiores da Justiça, recebeu enfim a identificação oficial de muçulmano.

Khatab diz que não sofreu durante todo o processo, mas confessa passar por "problemas". Ele cortou todos os contatos com seus pais nos EUA, alegando que eles "trabalham para os judeus". Abriu mão de toda ajuda a que teria direito por ainda ser um cidadão israelense e é alvo de constantes investidas de grupos judaicos que tentam trazê-lo de volta para o antigo rebanho. Porém, o problema mais sério aconteceu com a polícia israelense.

Na época, Khatab ganhava a vida como vendedor ambulante de bebidas à base de tâmaras, um emprego popular na Jerusalém árabe. Um dia ele foi parado por policiais israelenses que, por falta de documentação de trabalho apropriada, ameaçaram confiscar seu carrinho. Khatab respondeu irônico aos guardas, perguntando onde poderia tomar o ônibus linha 14, referindo-se ao coletivo que havia sido recentemente explodido por um terrorista suicida do Hamas, matando 15 pessoas.

— Eles ficaram furiosos, me levaram no camburão para um lugar distante e me bateram. E eu perdi meu carrinho.

Hoje, Khatab empenha-se em ações missionárias, tentando converter judeus ao Islã. Ele diz que já conseguiu converter onze ex-correligionários pela internet em várias partes do mundo. Atualmente está ocupado na tradução do Corão para o hebraico, num projeto financiado pela Arábia Saudita. Também é dos sauditas que vem sua inspiração religiosa. Khatab segue a linha religiosa Wahabi, a mesma da família real daquele país. Essa tendência puritana condena inovações modernas e defende a instauração de Estados muçulmanos no mundo árabe, governados pela mais rigorosa lei islâmica.

Apesar de seguir uma vida religiosa, a visão política de Khatab não é nada paradisíaca. Ele diz que é proibido aos muçulmanos cederem qualquer parte do Oriente Médio para se chegar à paz. Também afirma que um acordo para a fundação de um Estado palestino apenas na Cisjordânia e em Gaza deve ser uma estratégia provisória.

— Servirá apenas para nos reagruparmos, melhorarmos nossa vida e, no futuro, pegarmos de volta toda a nossa terra.

Seu sonho político para a região é um pesadelo para os que ainda acreditam numa solução negociada entre árabes e judeus.

— Na Palestina, primeiro temos de convencer judeus e cristãos a se converterem. Se não quiserem, devem pagar impostos ao Estado islâmico, que os protegerá. Se recusarem a submissão, terão de deixar o país ou então serão combatidos.

MOSHE HIRSCH: RABINO E MINISTRO PALESTINO

O bairro de Mea Shearim é um dos pontos turísticos mais pitorescos de Jerusalém. Ali, os moradores — todos judeus ultra-ortodoxos — se esforçam para resistir à modernidade e manter o mesmo estilo de vida de trezentos anos atrás. Ninguém assiste à TV, ouve rádio ou lê jornais que não sejam publicações religiosas. Mulheres são proibidas de circular com ombros ou pernas descobertas e imensos avisos alertam contra a entrada de turistas em grupos mistos dos dois sexos.

A maioria dos moradores dedica a vida ao estudo de livros religiosos e tem grandes famílias, seguindo o mandamento da Bíblia. Daí a existência de grande número de mendigos nas ruas, algo incomum em Israel. Na entrada do bairro foi colocado um grande mural em que são afixados cartazes com anúncios religiosos de todos os tipos. Mas muitos são rasgados por trazerem mensagens consideradas profanas ou por anunciarem um alimento considerado não suficientemente *kasher* (próprio ao consumo do judeu religioso).

É difícil acreditar que em Mea Shearim vive um ministro da Autoridade Palestina e membro do Conselho Nacional Palestino. Mas na hora marcada ali vem ele. Idoso, o rabino Moshe Hirsch caminha com dificuldade e encurvado. Sua cabeça é coberta por uma grande *kipá* (solidéu) e sua roupa é toda preta e branca, como manda a mais rigorosa tradição do judaísmo. O seu escritório, no coração do bairro, não tem nada que lembre o gabinete de um ministro de Estado e a única decoração são dezenas de livros sagrados.

Entretanto, à época de nosso encontro, ocorrida antes da morte de Arafat, pelo menos uma vez por mês o mesmo Hirsch deixava Mea Shearim e se dirigia a Ramallah, na Cisjordânia, para se encontrar com o líder. Perguntei ao rabino sobre o teor das suas conversas com o dirigente palestino, mas ele, vaidoso, não revela.

— Conversamos sobre vários assuntos, sem ninguém nos perturbar — desconversa.

Muitas vezes ocorreu de o rabino perder algumas reuniões do gabinete palestino por terem sido marcadas no sábado, o dia em que os judeus religiosos estão proibidos de trabalhar. Ele não concorda com a maioria dos demais rabinos, que viam em Arafat um cruel inimigo dos judeus, e diz que o presidente palestino lutou "para recuperar terras que foram roubadas".

A simpatia parece ter sido recíproca. Um jornalista israelense certa vez foi entrevistar Arafat e insinuou que em Israel somente os esquerdistas apóiam a causa palestina. Arafat ficou bastante irritado e lembrou que "também o rabino Hirsch é nosso amigo". Outro jornalista, quando descrevia o *bunker* do presidente palestino semidestruído durante a Nova Intifada, notou que uma das poucas fotos pregadas na parede trazia uma foto de Hirsch. Os palestinos se espantam com a presença do judeu religioso em Ramallah e, quando lhe perguntam como chega até eles, Hirsch costuma responder: "Alá me protege".

Hirsch é o líder de uma das mais radicais seitas religiosas do judaísmo, os Naturei Karta. Eles são, na verdade, sobreviventes de uma era passada do judaísmo. Assim que o sionismo surgiu no século XIX, todos os rabinos adotaram a mesma postura de Hirsch e condenaram o novo movimento político. Eles diziam que os judeus deveriam esperar a vinda do messias para serem guiados por Deus até a terra prometida. Mas o Holocausto convenceu a maioria dos judeus da necessidade de independência política e hoje os anti-sionistas como Hirsch são uma minoria. Todavia, isso não convence o rabino-ministro palestino.

— Temos a obrigação de esperar o messias e não provocar outros povos expropriando suas terras. Eu sou um judeu palestino — afirma.

Durante a Nova Intifada, Hirsch chocou muitos israelenses ao escrever uma carta pública se solidarizando com a *Nakba*, o dia de luto decretado pelos palestinos coincidindo com o dia da independência de Israel. No documento, afirmou que a data israelense é "a maior tragédia da história judaica" e revelou que pediu à ONU para reconhecê-lo como refugiado político. Nascido em Nova Iorque, o rabino mora há mais de 40 anos em Israel, mas nunca solicitou cidadania.

Hirsch não aceita uma das principais idéias do sionismo, de que somente em Israel os judeus podem viver com segurança. Cita como exemplo seu país de origem, os EUA, "onde não existem governantes de nossa religião, mas vivemos bem". Ele também usa o bom humor para explicar sua posição.

— Não podemos generalizar sobre a questão de segurança; um judeu não está a salvo nem em sua própria casa, se a esposa que tiver não gostar dele.

A presença de um ministro palestino em Mea Sheraim não provoca protestos dos moradores do bairro. O Estado de Israel é hostilizado ali, por não seguir as leis da *halakhah* (as leis religiosas judaicas; pronuncia-se *alarrá*). As escolas do bairro recusam qualquer ajuda governamental e mantêm currículos independentes. Muitas casas usam geradores próprios de eletricidade ou estão conectadas ao serviço público palestino, para não precisarem prestar contas ao governo israelense.

— Pagar impostos a Israel é o mesmo pecado de se ajoelhar perante um ídolo — diz Hirsch.

As idéias políticas de Hirsch são tão radicais que mesmo a liderança palestina já abandonou o ideário do rabino. A proposta do religioso é simples: acabar com o Estado de Israel e entregar todo o país para os árabes. Como o país dos judeus não quer seguir à risca os mandamentos divinos na Terra Santa, pensa Hirsch, o melhor é deixar toda a administração na mão dos palestinos.

Durante a Nova Intifada, Mea Shearim também foi alvo de atentados, quando um terrorista suicida matou dez pessoas na entrada do bairro. Hirsch, porém, diz entender as razões da revolta árabe ("É um levante de pessoas expulsas de suas casas.") e é tolerante até com os suicidas.

— Compreendo essas pessoas. Estão se vingando de bombardeios e atrocidades cometidas contra elas.

Hirsch é um homem público, daí ser mais aberto a conversar com estranhos, uma atitude rechaçada pelos demais habitantes do bairro. Mas sua abertura também tem limites. Delicadamente, recusa meu pedido de uma visita à sua sinagoga. Também não aceita meu pedido de sair na varanda de sua casa e posar para uma foto, o que talvez atraísse a atenção de vizinhos. Em Mea Shearim, continua valendo a idéia de preservar um estilo de vida puro contra a "contaminação" dos tempos modernos, incluindo a já famosa aversão de seus habitantes pelas câmeras fotográficas dos turistas.

— As pessoas aqui não querem que suas imagens acabem na lata do lixo — explica Hirsch.

NOS PASSOS DE SHARON, EM JERUSALÉM

Assim como na maioria dos lugares mais famosos da Terra Santa, também na Esplanada de Jerusalém a notoriedade promovida pela cobertura da mídia mundial contrasta com a simplicidade de pessoas procurando apenas ganhar a vida. Após subir pela mesma rampa usada por Ariel Sharon em setembro de 2000 e chegar exatamente ao mesmo lugar onde explodiu a Nova Intifada, encontrei na entrada do santuário apenas o guia turístico Abu Khaled, ansioso por visitantes.

Ele testemunhou a famosa visita do líder israelense que mudou a face do Oriente Médio. Lembra-se bem dos acontecimentos daquele dia: a tensão no ar, depois a correria e os choques com a polícia. Também teve de correr para não inalar gás lacrimogênio. Tudo foi muito rápido, durou por volta de quinze minutos, ele conta — mas bastou para incendiar toda a região.

Os olhos de Khaled brilham ao ver um pequeno grupo de turistas alemães, uma raridade nesses tempos de violência. Consegue convencê-los a contratá-lo, mas todo o passeio dura apenas dez minutos. O museu que costumava operar no canto da Esplanada está fechado e ninguém do grupo pode entrar nas mesquitas. No final, Khaled ainda tenta tirar mais alguns trocados dos alemães, que se recusam a pagar, indignados.

— Minha vida está muito dura, não trabalhei nada nos últimos três anos. Tenho oito filhos para sustentar, mas estou sem renda — queixa-se.

O jovem ultranacionalista israelense Hillel não precisa dos serviços do guia. Hillel conhece o lugar como a palma de sua mão e ele mesmo serve de guia para dois amigos. Fala para eles sobre a importância da Esplanada, a que os judeus chamam de Monte do Templo e consideram o local mais sagrado do planeta, o "umbigo do mundo". A sacralidade é tanta que caminham apenas pelas margens da Esplanada. Ele também calça tênis para não pisar no Monte do Templo com algo de couro.

Na época bíblica, o rei Salomão construiu ali um templo dedicado ao Deus de Israel. Depois de sua destruição pelos babilônios, os judeus reconstruíram o santuário, que foi novamente destruído, dessa vez queimado pelo exército romano. Já naquela época o acesso à Esplanada era bastante restrito: estrangeiros eram barrados logo na entrada e mulheres só podiam assistir às cerimônias bem de longe. Dentro do templo, no lugar chamado Santo dos Santos, somente o sumo-sacerdote podia entrar, e mesmo assim apenas uma vez por ano.

Hoje, no mesmo lugar do Santo dos Santos, ergue-se a dourada Cúpula da Rocha, o mais antigo monumento religioso do Islã e um dos mais famosos cartões-postais da cidade. Dentro da Cúpula, há uma enorme rocha que tanto judeus quanto muçulmanos dizem que foi o lugar exato onde Abraão ofereceu seu filho Isaac em sacrifício. Os muçulmanos também acreditam que Maomé visitou esse lugar durante uma viagem mística e daqui o profeta ascendeu ao céu. Segundo o islamismo, no Dia do Juízo Final, a venerada rocha negra Kaaba, em Meca, viajará de maneira misteriosa para se juntar a essa rocha de Jerusalém.

Já os cristãos não têm ligação afetiva com a Esplanada. Após o exército romano ter destruído Jerusalém, cerca de 40 anos depois da morte de Jesus Cristo, a Esplanada permaneceu desolada. Durante os séculos em que os cristãos dominaram a cidade, os imperadores ocidentais se interessaram em construir igrejas em outros lugares relacionados com a vida de Jesus, mas a Esplanada permaneceu em ruínas, como "prova" de uma punição divina contra os judeus.

Os policiais israelenses não desgrudam os olhos de Hillel e seus amigos ultranacionalistas. Também um guarda não armado da Waqf, a autoridade muçulmana que toma conta das mesquitas da Esplanada, "passeia" a poucos metros do grupo, de *walkie-talkie* nas mãos. O temor dos oficiais não é à toa. Em 1969, um turista australiano quase incendiou toda a Mesquita Al-Aqsa, que fica a cem metros da Cúpula da Rocha. Todos temem um ato radical que possa incendiar novamente o Oriente Médio.

Quando acaba a visita, Hillel deixa a Esplanada pelo portão que dá acesso ao bairro muçulmano de Jerusalém. Poderia usar a saída que desemboca no Muro das Lamentações, no bairro judeu, mas ele não se preocupa. Mesmo com vários muçulmanos passando por perto, está totalmente absorvido em rasgar uma ponta de sua camisa.

— É um costume judaico, um sinal de luto pela situação do Monte do Templo. Não apenas os judeus estão proibidos de andar no Monte, também os gentios não deveriam estar aqui. Infelizmente há árabes neste local, mas é algo temporário — comenta.

A animosidade entre judeus e muçulmanos é recíproca na Esplanada sagrada para ambos. Antes da Nova Intifada, qualquer um podia visitar o interior da Mesquita Al-Aqsa. Hoje, os guardas da Waqf permitem a entrada apenas de muçulmanos.

— Tivemos problemas com os judeus. Agora eles podem visitar somente a Esplanada e mesmo assim porque fomos forçados a aceitar isto — diz um dos guardas árabes, apontando para as dezenas de policiais israelenses.

A Esplanada é apenas uma parte da Cidade Velha de Jerusalém, onde vivem 32 mil pessoas em meio a 326 sítios sagrados, num conglomerado considerado um dos pontos mais densamente povoados do mundo. Durante as fracassadas conversações de Camp David, antes de explodir a Nova Intifada, o premiê Ehud Barak propôs solucionar o quebra-cabeça chamado Jerusalém cortando a Cidade Velha em duas: mais da metade para os muçulmanos e o restante para os judeus. Pela primeira vez na história, um líder israelense admitiu ceder parte de Jerusalém a um futuro Estado da Palestina.

NATAL VAZIO EM BELÉM

Um livro de turismo publicado durante o processo de paz descreve a Praça da Manjedoura, no centro de Belém, como um local lotado de peregrinos e que "quase não suporta os carros, táxis e ônibus que tentam se aproximar". O guia turístico também fala de incontáveis lojas de suvenires e incessantes cliques de máquinas fotográficas atrapalhando a espiritualidade da praça. Mas na véspera do Natal, em plena Nova Intifada, parece que Belém, a cidade de nascimento de Jesus Cristo, não é o mesmo lugar descrito no livro. Sob um rigoroso toque de recolher e castigadas pelas chuvas de inverno, as ruas da cidade e sua praça central estão desertas e melancólicas.

A distância entre Jerusalém e Belém é de apenas oito quilômetros; na prática, as duas cidades estão coladas. Mas se a distância física é pequena, a distância psicológica é enorme. Em Jerusalém, o tráfego é intenso e a vida pulsa. Já em Belém, que faz parte da Cisjordânia palestina, o toque de recolher é rigoroso e nenhuma alma é vista nas ruas enlameadas.

O mais impressionante desse toque de recolher decretado pelo exército israelense é que, apesar de que quase não se veja soldados patrulhando as ruas, a obediência é quase total. Apenas de vez em quando um veículo militar aparece, para lembrar aos palestinos que os militares não foram embora.

A trezentos metros da entrada de Belém, os soldados ergueram um posto de controle.

— Esta é uma zona militar fechada — me diz um deles.

O movimento no posto é intenso. Veículos de guerra pesados entram e saem da cidade. Os palestinos que se aproximam da barreira são obrigados a abrir suas camisas para provar que não carregam explosivos. Um jipe passa rápido, transportando na caçamba três árabes presos e de olhos vendados.

Por causa da barreira, dois ônibus lotados de católicos da Eslováquia não puderam entrar na cidade. Essa era a segunda vez que tentavam chegar até Belém, sem sucesso. Ivete, uma das peregrinas, me disse que não sentia medo por estar numa zona de tensão e argumentou que na Europa também há crime e violência.

— Rezo para poder entrar em Belém; nossa segurança está nas mãos de Deus — diz.

Um outro e bem mais curioso grupo também esperava para entrar na cidade palestina. Eram judeus ortodoxos, que aguardavam uma oportunidade para fazer orações na Tumba de Raquel, onde está enterrada a esposa do patriarca Jacó, segundo a tradição. Esse monumento é o primeiro que se avista ao entrar em Belém. Mas só de longe, porque desde o início da Nova Intifada veículos estão proibidos de trafegar na rua da tumba, como medida de segurança.

A Praça da Manjedoura, o principal marco histórico de Belém, é venerada por 1 bilhão de cristãos, mas nenhum carro estava parado em seu amplo estacionamento.

A solidão da praça só é quebrada por um punhado de crianças e adolescentes palestinos. Alguns deles mostram orgulhosos os baldes onde armazenam pedras para lançar contra soldados israelenses. De repente, a tranqüilidade é interrompida por um barulho, que alguém interpreta como sendo de tanques israelenses se aproximando. Imediatamente, as crianças correm para uma das entradas da praça e se prepararam para enfrentar o inimigo, de pedras na mão. Mas o alarme foi falso, nenhum veículo militar aparece e as crianças voltam para conversar e brincar.

No interior da Igreja da Natividade, uma missa é oficiada para menos de dez visitantes. Essa igreja é uma das mais antigas do mundo e sua arquitetura rústica combina com a descrição bíblica do modesto local onde Jesus nasceu. O teto é de madeira, as paredes estão descascadas e as representações de santos em seus pilares estão tão desgastadas que quase não se vê nada. Não existem cadeiras para os fiéis sentarem.

Durante a Nova Intifada, a igreja atraiu atenção mundial quando militantes palestinos se refugiaram em seu interior. O exército israelense cercou o local durante semanas, até se chegar a um acordo. Tudo isso aconteceu bem em cima de um dos mais importantes marcos do cristianismo: a Gruta da Natividade, que fica no subsolo da igreja. A tradição diz que a gruta foi o local exato de nascimento de Jesus, mas nesses dias de violência encontrei apenas uma religiosa ali.

Ao cair da noite, os alto-falantes de uma mesquita próxima à Praça da Manjedoura chamaram os fiéis para a oração. Pouco depois, foi a vez de os sinos da Igreja da Natividade ressoarem na praça vazia. Aos poucos, alguns moradores de Belém saíram de suas casas e se dirigiram à igreja. Inesperadamente, apareceu um corajoso grupo de 200 peregrinos cruzando a cidade a pé, em direção à praça.

O BISPO JUDEU

Abu Gosh é um vilarejo árabe dentro de Israel, distante 15 minutos de Jerusalém e marcado por um ritmo de vida pacato e silencioso. No entanto, durante a Nova Intifada, Abu Gosh atraiu a atenção de muita gente ao redor do mundo. Numa igreja do vilarejo, Jean-Baptiste Gourion, 69 anos, foi ordenado como o mais novo bispo católico da Terra Santa. Nada demais, se não fossem dois detalhes: Gourion nasceu numa família judaica e em seu ordenamento recebia do Papa João Paulo II uma delicada missão.

A incumbência que lhe foi dada é a seguinte: em Israel, sempre existiu uma minúscula e discretíssima comunidade de católicos. Trata-se de algumas poucas centenas de pessoas que são muito diferentes dos restantes 130 mil cristãos do país: eles não são árabes, comunicam-se em hebraico e se identificam intimamente com o Estado judeu. A comunidade é formada por israelenses que se converteram ao cristianismo, famílias de casamentos mistos e católicos que decidiram acompanhar o destino dos judeus em seu novo Estado. Na última década, o grupo aumentou com a chegada de 30 mil imigrantes russos e trabalhadores estrangeiros. Agora, pela primeira vez na história, um bispo foi designado especialmente para servir a esta comunidade de "católicos de língua hebraica".

Gourion é uma pessoa de gestos suaves e fala mansa, mas suas idéias podem soar explosivas e controvertidas para alguns ouvidos.

— Quero formar aqui uma comunidade católica de cultura israelense e judaica. A cultura judaica dentro da Igreja existiu na época de Cristo e sumiu há 1.600 anos. Mas agora está voltando.

O bispo Gourion viveu como judeu até seus 23 anos. Ele nasceu na Argélia e se chamava Jean-Louis. Gourion mudou seu nome para Jean-Baptiste quando decidiu entrar no monastério beneditino no, mas se recusou a mudar seu sobrenome judeu. Ele conta que seus pais eram judeus pouco observantes, porém sua avó era muito religiosa e contava histórias de um bisavô que fora rabino.

A conversão de Gourion aconteceu longe da família, na França, para onde se transferira com a idéia de estudar Medicina. Naquela época algo perturbava o jovem estudante: o Holocausto, que vitimara alguns familiares seus na Europa.

— Andava muito perturbado, em choque, não conseguia compreender aquela tragédia.

A resposta ele afirma ter encontrado na obra da filósofa judia-francesa Simone Weil, que também se converteu ao cristianismo, na época da Segunda Guerra Mundial. Mas hoje, quase 50 anos após sua conversão, o bispo ainda se encontra num fio de navalha entre as duas religiões.

— Eu me considero um judeu-cristão. Sei que alguns judeus acham isso impossível, mas trata-se de um forte sentimento dentro de mim.

E não são só os judeus que vêem Gourion com desconfiança. Sua ascenção na hierarquia católica e a simpatia com que foi recebido pelo governo de Israel — ele recebeu uma condecoração em pleno Parlamento — atraíram contra si a inimizade do poderoso Patriarca Latino de Jerusalém, Michel Sabbah, a mais alta autoridade católica no Oriente Médio. Sabbah é árabe e conhecido como um fervoroso defensor da causa palestina, além de crítico ardente do Estado de Israel.

O bispo Gourion nega que haja qualquer conflito entre ele e o Patriarca, mas todos sabem que com os dois se desenrola uma verdadeira guerra por trás dos bastidores. O Patriarca foi contra a nomeação de um bispo para atender exclusivamente os "católicos de língua hebraica", por achar que isso dividiria os cristãos na Terra Santa e ameaçaria o caráter árabe da comunidade.

Ecoando as opiniões de Sabbah, o semanário francês católico *La Vie* comentou a ordenação do bispo Gourion como "completamente política", feita apenas para "restabelecer as relações do

Vaticano com Israel" e destinada a "dividir ainda mais os cristãos na Terra Santa".

A oposição do Patriarca foi tão óbvia que até mesmo o papa João Paulo II tomou suas precauções. Segundo a hierarquia da Igreja, Gourion deveria ficar abaixo do Patriarca, recebendo suas ordens diretas, como os três outros bispos da Terra Santa. Mas o papa criou, discretamente, um canal direto de comunicação com Gourion, que permite que ele atue com mais independência.

Com tamanha pressão acompanhando seus primeiros passos como bispo, Gourion diz que seus planos são modestos. Por enquanto, ele pretende apenas alugar um apartamento pequeno em Tel Aviv para celebrar algumas missas. Nada de muito grandioso. Mesmo porque o novo bispo está sendo observado de perto. Por seus amigos e inimigos, em Jerusalém e em Roma.

4

BOLAS, NÃO BALAS

A paixão pelo futebol une os inimigos

SOMENTE DUAS COISAS conseguem fazer ceder os combates na Nova Intifada: chuvas muito fortes e jogos da seleção brasileira. A paixão pelo futebol é um dos últimos pontos em comum que sobraram entre israelenses e palestinos.

Um comentarista esportivo de Israel lamentou num artigo que as duas seleções não se classificaram para a Copa do Mundo de 2002, que aconteceu em plena Nova Intifada. "Que bom seria se o conflito entre nós e nossos vizinhos pudesse ser decidido num gramado, durante 90 minutos. Sem atentados, sem bombardeios, sem mortos, apenas um jogo em campo neutro onde o resultado não dependesse nem de nossas bombas nem dos cinturões de explosivos deles", escreveu o jornalista.

Mas a realidade é que a política invade até mesmo o futebol nessa região do planeta. Em Israel, os principais times foram fundados por partidos políticos. A maior parte quer se livrar desse passado e se concentrar apenas no esporte — com exceção do Betar, uma equipe de Jerusalém intimamente ligada ao partido direitista Likud. O Betar se recusa até hoje a contratar jogadores árabes — apesar de vários deles serem convocados para a seleção israelense. Quando, há alguns anos, a diretoria se interessou pelo jogador Wisam Isami, os torcedores ameaçaram boicotar as partidas não comprando ingressos. Nem o fato de Isami ter servido no exército israelense por três anos convenceu os fãs do Betar.

Leia neste capítulo a história do atacante brasileiro Gabriel Lima, que revolucionou o futebol de Israel ao levar um obscuro time árabe à final do campeonato; uma entrevista com o palestino Azzam Ismail, cujo time de futebol foi desfalcado com a morte do goleiro durante o conflito; um encontro com Mordechai Spigler, autor do único gol de Israel numa Copa do Mundo; e a história do zagueiro Índio, ídolo da torcida do Flamengo, que se tornou o xodó da fanática torcida do Betar Jerusalém.

O BRASILEIRO NÚMERO 1 DE ISRAEL

A Terra Santa é um lugar de milagres, mas nem em seus mais delirantes sonhos o brasileiro Gabriel Lima, jogador de futebol, esperava que sua vida fosse mudar tanto ao colocar os pés ali. De atleta desconhecido no Brasil, ele se tornou um dos mais famosos jogadores do Oriente Médio e responsável por uma revolução no futebol de Israel: a conquista do campeonato nacional por uma equipe árabe.

Quando Lima chegou a Israel, no meio da Nova Intifada, ele vinha de uma carreira apagada no futebol brasileiro. Nascido no Rio de Janeiro, começou a jogar no Arraial do Cabo, um time da segunda divisão do campeonato carioca. Foi contratado depois pelo Fluminense, mas viu seu time cair até a terceira divisão. Resolveu então se transferir para São Paulo, mas o máximo que conseguiu foi uma posição no Juventus. Sua sorte começou a mudar apenas quando um vídeo caseiro, produzido por ele mesmo com algumas de suas jogadas, caiu na mão de um empresário israelense.

O talento de Lima, 25 anos, agradou aos dirigentes do Bnei Sakhnin ("Filhos de Sakhnin"), uma equipe árabe da segunda divisão do futebol israelense. Quando chegou ao vilarejo Sakhnin, na Galiléia, deparou-se com um lugar semi-esquecido de 30 mil habitantes, onde a única diversão é comer pizza e ver o time local treinar. Trinta por cento da população está desempregada e não há dinheiro nem para construir um estádio. Sem outras perspectivas, o atacante brasileiro aceitou a modesta proposta.

No entanto, de repente, tudo mudou. O futebol de Lima desabrochou e, com fantásticos gols, fez o que parecia ser impossível: colocou o Bnei Sakhnin na primeira divisão do campeonato israelense.

— Nunca havia acontecido algo assim na minha vida. Eu era um ninguém e agora aonde vou as pessoas me dizem "Parabéns, você é o número 1 de Israel" — diz o brasileiro.

O "milagre de Lima" não parou por aí. Durante o campeonato, ele fez um gol fantástico, que derrotou a poderosa equipe do Hapoel Tel Aviv. Lima roubou a bola no meio-de-campo, driblou três adversários e desferiu um petardo indefensável. Um jornal local o comparou a Maradona e descreveu sua jogada como "o gol da temporada".

De azarão, o Bnei Sakhnin foi derrotando um adversário após o outro. A equipe chamou a atenção de todo o país como um exemplo de convivência possível entre os dois povos em conflito — o time é composto de 12 árabes, 7 judeus e 4 estrangeiros.

No dia 18 de maio de 2004, o país parou para ver a final do campeonato nacional. De um lado, novamente, o favorito Hapoel Tel Aviv. Do outro, a equipe árabe de Lima, que pagava os salários mais baixos do torneio. O vencedor receberia o troféu das mãos do presidente de Israel e o direito de representar o país na próxima Copa UEFA, na Europa.

No final do primeiro tempo, aconteceu o previsível: o Hapoel Tel Aviv inaugurou o placar, silenciando os 25 mil torcedores do Sakhnin. Mas após o intervalo o jogo virou de ponta-cabeça: os garotos do Sakhnin surpreenderam e marcaram quatro gols. Lima participou do terceiro gol, desviando um chute forte de um companheiro e enganando o goleiro. Pela primeira vez na história de Israel uma equipe árabe levantou o troféu nacional.

A fama de Lima também trouxe os típicos dividendos do futebol. Ele já foi fotografado no balneário de Eilat, o mais famoso de Israel, na piscina de um luxuoso hotel e ao lado de sua nova namorada — uma bela loira israelense. Ainda cambaleando no idioma hebraico, o jogador tem dificuldade até de pronunciar o nome da companheira — Tsalit.

Lima mora numa bonita e espaçosa casa em Haifa (norte de Israel). Com o dinheiro que ganhou, já comprou uma loja num *shopping* de Cabo Frio e deu entrada num apartamento no Rio de Janeiro. Mas não pretende voltar tão cedo para o Brasil. Agora ele sonha em obter cidadania israelense e ser convocado para a seleção do país.

Um dos segredos do sucesso de Lima foi ter mantido distância dos problemas políticos da região.

— Sou bem tratado pelos dois lados e não me meto nesses problemas. Não tenho bronca de ninguém — diz.

Sua atitude, porém, não impediu que ele testemunhasse a tensão no ar, principalmente entre os torcedores. O clima pesou quando o Sakhnin foi até Jerusalém enfrentar o Betar, uma equipe de futebol identificada com o partido direitista Likud.

— Fomos escoltados pela polícia até o estádio; queriam jogar pedras no nosso ônibus.

A tensão também envolve os torcedores árabes entre si. Em especial, quando o Sakhnin enfrenta a equipe de Nazaré, a maior cidade árabe de Israel.

— É rivalidade, coisa de duas cidades que não se "batem". No intervalo, o presidente do nosso time foi até o vestiário e pediu que ganhássemos, falou que era um jogo de vida ou morte.

Quando não está jogando, Lima gosta de ficar em casa ou então vai ouvir pagode num bar na praia de Tel Aviv. No começo, tinha medo de ser atingido num atentado terrorista mas, com o tempo, relaxou.

— Acho Israel até mais calmo que o Brasil — julga.

PELÉ EM RAMALLAH

A fronteira entre Ramallah e Jerusalém é um dos lugares mais tensos do planeta, mas, quando o assunto é futebol, nada é impossível. Bem ao lado da cerca de arame farpado que separa as duas cidades e pouco distante do maior posto de controle militar da Cisjordânia, alguns jovens árabes batem uma bola despreocupados. Duas bandeiras palestinas gigantes foram pintadas no campo, um desafio para os carros de Israel que passam a apenas alguns metros, do outro lado do arame farpado.

O palestino Azzam Ismail, 45 anos, é conhecido em Ramallah como um promotor do futebol na região. Escreve uma comentada coluna esportiva no jornal árabe *Al-Quds*, preside uma equipe local (o El-Bireh) e também é dono de uma loja de material esportivo no centro da cidade, batizada com o nome do craque brasileiro Pelé.

— Sempre gostei muito dele, chamava muito a atenção quando atuava. Também, quando o Brasil joga, é como se os palestinos estivessem em campo — comenta Ismail.

A Copa do Mundo de 2002, que aconteceu em plena Nova Intifada, colaborou para relaxar a tensão entre israelenses e palestinos. Durante algumas semanas, os jornais abriram espaço na primeira página para fotos de jogadores, ao lado de cenas de ataques e invasão de tanques.

— Mesmo não havendo paz e não sendo amigos, quando nós e os israelenses assistimos ao Brasil jogar, não vemos política, mas sim futebol — diz.

Por causa do torneio mundial, Ismail criou uma tabela dos jogos para distribuir aos clientes de sua loja. No canto do folheto, estampou a foto do goleiro de sua equipe, morto durante o conflito. Essa é apenas uma das marcas da violência no futebol palestino.

Como os dois principais territórios palestinos — Cisjordânia e Gaza — estão totalmente isolados um do outro desde o início do conflito, existem duas ligas de futebol independentes. Ou melhor, existiam, pois todos os jogos foram suspensos por falta de segurança. O gramado de alguns campos foi destruído por tanques e algumas pessoas acabaram baleadas enquanto praticavam o esporte.

— Uma geração inteira de atletas está parada, e isso é ruim, pois quebra a continuidade e rebaixa o nível do futebol — lamenta Ismail.

Sua loja também sofre as consequências da crise econômica que se abateu sobre a economia palestina. Ele não conseguiu sustentar seu negócio apenas com a venda de artigos esportivos e foi obrigado a diversificar sua oferta de produtos. Ao lado de camisas de futebol e troféus com o mapa da Palestina, também são vendidas bicicletas e brinquedos infantis.

O comerciante e entusiasta esportivo parece falar com saudade do tempo em que ainda existia um processo de paz e chegou a ser organizada uma partida de futebol entre crianças palestinas e israelenses. Quanto ao jogo entre as seleções de Israel e Palestina, os torcedores precisarão aguardar melhores tempos.

— O futebol é algo comum entre nós. No futuro, quando houver melhor relacionamento, também o esporte ajudará a construir a estrada da paz — é o que ele profetiza.

UM ÍNDIO EM JERUSALÉM

O árbitro apita o início de mais uma partida do campeonato de futebol israelense, no estádio Kiriat Eliezer, em Haifa (norte do país). De um lado do campo está o Hapoel Haifa, um time fundado há várias décadas pelo Partido Trabalhista. Do outro, o Betar Jerusalém, que tem suas origens no movimento que também fundou o partido conservador Likud.

Algum tempo atrás, um jogo como esse acenderia paixões além do esporte e seria considerado uma batalha entre as duas principais facções políticas de Israel. Hoje, o futebol do país está mais profissionalizado e quer deixar para trás suas origens políticas. Mas é só o atacante do Hapoel Haifa avançar com algum perigo, que Meir, um torcedor do Betar, se levanta e grita:

— Comunistas, vermelhos!

O Hapoel Haifa ainda guarda uma lembrança de suas origens socialistas na cor vermelha de seu uniforme. Mohamad Aboab, 21 anos, jornalista árabe residente em Haifa, acompanha o jogo vestido com a camisa rubra do time. Aboab não tira os olhos do jogador Garaieb, o camisa 20 do Hapoel Haifa. Ele é um dos muitos árabes que jogam em equipes israelenses e já foi convocado para a seleção do país. O jornalista torce para esse time desde a infância e diz que não existe mais ideologia no futebol local. Mas há seis anos, quando o time árabe Taybeh subiu para a primeira divisão do campeonato, seu coração ficou dividido.

— Tive de torcer por eles também.

Do outro lado do estádio, entre os torcedores do Betar, a reação é bem diferente cada vez que o jogador árabe Garaieb passa por perto. O velho Meir, sempre exaltado, explica que não perdoa o fato de ele ter declarado à imprensa que não sente nada ao ouvir o hino nacional israelense, tocado antes dos jogos da seleção. E solta alguns palavrões em direção ao jogador.

Já aconteceu diversas vezes, durante jogos do Betar contra times de cidades árabes de Israel, de a coisa ficar bem pesada. Não raro os torcedores gritaram "Morte aos árabes!", provocando brigas e condenações na Justiça.

Quem conhece bem de perto essa tensão é o zagueiro brasileiro Índio, 29 anos, contratado para comandar a defesa do Betar Jerusalém. Antes de viajar para Israel, Índio foi ídolo da torcida do Flamengo, time em que atuou por quatro anos e jogou ao lado de craques como Zinho e o goleiro Gilmar. Também foi campeão da Copa do Brasil em 1999 pelo Juventude e campeão baiano três anos mais tarde pelo Vitória.

Índio foi abordado por um empresário israelense em 2002, após um jogo na Bahia. Teve uma bela proposta, mas confessa que ficou com medo de viajar para Israel em plena Nova Intifada.

— Fiquei preocupado com os problemas do país e a ameaça de guerra. Não tinha vontade nenhuma de aceitar a oferta.

A mudança de idéia veio por insistência de sua esposa, Kênia, que é evangélica e sempre sonhou conhecer a Terra Santa.

— Ela me convenceu, foi na base de muita conversa.

Depois da tensão inicial, o jogador se integrou bem à vida de Jerusalém. Ele vive num espaçoso apartamento perto da Cidade Velha, onde prepara churrascos para os amigos. Seu filho Breno, de 9 anos, já domina o hebraico e acompanha o pai nos treinos, servindo de tradutor nas conversas com o técnico e outros jogadores.

Pouca gente em Israel desconfia de que "Índio" é apenas apelido (seu nome verdadeiro é Josué Ferreira Filho). Isso até já causou alguma confusão, quando o cheque de pagamento foi emitido nominal a "Índio Ferreira" e teve de ser refeito.

A relação com a torcida do Betar, considerada a mais fanática do país, não assusta o zagueiro brasileiro. Para um jogador como ele, que no Brasil já foi ameaçado de morte e teve de sair do vestiário quatro horas após o final do jogo, ainda assim escoltado pela polícia, a tensão de Jerusalém é tirada de letra.

— Em Israel, as pessoas gostam de futebol, porém não são loucas como no Brasil. Aqui eles cantam o tempo todo no estádio, mesmo quando o time perde.

O ÚNICO GOL DE ISRAEL

Mordechai Spigler, 58 anos, é respeitado em Israel por ser o autor de um feito histórico: ter marcado o único gol da seleção de seu país numa Copa do Mundo — no México, em 1970. Spigler, que aos 17 anos já jogava no selecionado israelense, acumulou outras conquistas em sua carreira: atuou durante três anos no Paris Saint-Germain, foi o maior artilheiro da história da seleção israelense (32 gols) e ainda jogou ao lado de Pelé no ataque do New York Cosmos.

— Atuar ao seu lado foi uma experiência fantástica. Ele é ao mesmo tempo um atleta genial e uma pessoa generosa. Desde garoto o via jogar pela TV e não acreditava que era de carne e osso.

O currículo de Spigler impressiona sobretudo porque Israel é um país que não oferece condições ideais para o atleta. Todo jogador, ao mesmo tempo que treina em seu clube, também é obrigado a prestar serviço militar durante três anos.

— Os times da primeira divisão israelense têm vários jogadores nessa situação. Aqui há regras do exército que devemos respeitar. O esportista presta serviço militar das 8 até as 14 horas e depois vai jogar futebol — esclarece Spigler.

Durante a Nova Intifada, a TV transmitiu jogos em que equipes israelenses foram hostilizadas pela torcida na Europa, por razões políticas. Spigler conhece bem essa situação. Quando jogava pelo Paris Saint-Germain, um jogador da equipe Marseilles o chamou de "judeu sujo" durante um jogo. Nesse tipo de situação, Spigler diz que o jogador tem de manter a concentração.

— Ninguém pode dizer, no final de uma partida, que perdeu o jogo porque a torcida gritava "Arafat". Futebol não é política, não é a ONU. O jogador precisa ser forte e ficar calmo, apesar de não ser fácil.

A mídia também coloca um peso extra nas costas do atleta israelense. Não raro comentaristas esportivos soltam pérolas do tipo "Vocês devem ganhar a partida para dar alegria ao nosso povo sofrido". Spigler, ele mesmo um comentarista de TV, conhece o fenômeno, mas não o aprova.

— No vestiário, o técnico pode falar o que quiser, mas não se deve comentar isso na imprensa. Jogadores não têm de ser heróis de um país que sofre por outras razões. Se uma equipe ganha uma partida, a vitória não ajudará uma mãe que perdeu seu filho num atentado.

Por pressão dos países árabes, que tentam isolar Israel no plano internacional, o país não consegue disputar as classificatórias de Copa do Mundo na chave do seu continente, a Ásia. É obrigado, então, a disputar vaga com os países europeus, num ambiente bem mais competitivo.

Todas essas dificuldades não apagam a paixão de Spigler pelo futebol. Ainda hoje ele relembra com emoção aquele famoso gol de empate contra a Suécia, na Copa de 1970, que o transformou numa lenda viva em seu país.

— Peguei a bola a 30 metros do gol, olhei em volta e tive a sensação de que podia chutar. Não foi um tiro especial, mas foi importante, não fizemos feio.

5

CONDOMÍNIOS DA DISCÓRDIA

A luta dos colonos judeus contra a independência palestina

ELAS SE PARECEM com condomínios brasileiros da classe média alta. As casas são novas, muitas têm dois andares e cada família tem seu jardim. As crianças brincam nas ruas bem asfaltadas e também há piscina para quem quiser se divertir. O clima é de montanha e a paisagem, bucólica. A única coisa que estraga é que essas comunidades, na verdade colônias judaicas nos territórios palestinos, estão em guerra mortal com seus vizinhos, que às vezes moram a apenas algumas dezenas de metros de distância.

Antes da Guerra dos Seis Dias, em 1967, nenhuma colônia existia na Cisjordânia e em Gaza. Foi com a conquista israelense desses territórios que elas começaram a surgir, primeiro discretamente e depois numa progressão espantosa. Hoje existem cerca de 140 colônias e sua população não pára de aumentar. Durante a Nova Intifada, os colonos passaram a marca de 200 mil pessoas — vivendo em meio a 3 milhões de palestinos.

Cerca de metade dos colonos é gente comum, sem ideologia definida, e que foi atraída para essas comunidades pelos preços baixos das casas subvencionadas pelo governo, além do ar puro das montanhas da Cisjordânia. No caso de um futuro acordo de paz com os palestinos, não teriam maiores problemas em deixar suas casas para trás, desde que recebessem uma compensação polpuda.

Mas a outra metade dos colonos é militante e messiânica. Para eles, não existe Cisjordânia, mas "Judéia e Samaria", nomes registrados na Bíblia para essa região. Acreditam que a fundação do Estado de Israel, em 1948, foi o primeiro passo rumo ao Fim dos Dias e à chegada do messias. Sentem-se obrigados a impedir a criação de um Estado palestino para que as profecias do Final dos Tempos se cumpram o mais rápido possível. Em suas casas, armazenam dezenas de milhares de armas de fogo, e ninguém sabe ao certo como reagirão caso algum dia o governo israelense ordene que deixem suas residências para dar espaço a um Estado palestino.

As colônias também têm um valor estratégico para os israelenses. Algumas foram construídas ao redor de Jerusalém, para reforçar a presença judaica na cidade por todos os lados. Outras foram erguidas para alargar o território israelense e outras para quebrar a continuidade territorial da Cisjordânia e impedir o nascimento de um Estado palestino viável.

Neste capítulo, leia sobre o perfil do colono Natanael Levi, um brasileiro que aguarda a chegada do messias na Cisjordânia; acompanhe uma visita às microcomunidades ilegais que os colonos fundam por toda a Cisjordânia e que nem o governo consegue eliminar; e conheça a história de Menachem Froman, o colono cabalista que deseja compartilhar Jerusalém com os palestinos.

NA COLÔNIA OFRA, COM VINICIUS DE MORAES

A colônia Ofra é vizinha de dois vilarejos palestinos e de duas bases do exército israelense. Do lado do *playground* das crianças,

RETRATOS DE UMA GUERRA

Caderno de fotos

Crianças desfilam durante velório de Arafat, em Ramallah

Crianças palestinas de Belém exibem pedras que atiram contra militares de Israel

Abaixo, o polêmico jornalista israelense Gideon Levy, que há 15 anos corre risco de vida para reportar a situação dos palestinos

O rabino ortodoxo Moshe Hirsch, ministro da Autoridade Palestina

Abaixo, soldada do exército de Israel interroga palestina em Kalandya, o maior posto de controle militar da Cisjordânia

O empresário Nadim Khoury, dono da única cervejaria palestina, a Taybeh Beer

Guarda da Waqf, a autoridade muçulmana que toma conta da Mesquita Al-Aqsa, onde explodiu a Nova Intifada

O guia de turismo Abu Khaled, em frente à Cúpula da Rocha, em Jerusalém

O colono brasileiro Natanael Levi, morador de Ofra, na Cisjordânia

A minúscula comunidade Havat Maon (*no alto, à esquerda*), que os colonos israelenses querem transformar em nova colônia nos territórios palestinos

Sala de negociações da Bolsa de Diamantes de Israel, a maior do gênero no mundo

Executivas protestantes da fábrica Beth-El, que não cortam o cabelo e vestem-se como camponesas. A fábrica, fundada por fundamentalistas, é a única produtora de equipamentos contra a guerra química e nuclear em Israel

Abaixo, delegacia de polícia da Autoridade Palestina destruída por Israel, em Ramallah

Construção de novas casas na colônia israelense Maale Adumim, na Cisjordânia

Abaixo, o ex-judeu ortodoxo Joseph Cohen, que se converteu ao islamismo e hoje se chama Yousef Khatab, em frente à Cidade Velha de Jerusalém. Hoje ele apóia as idéias do grupo extremista palestino Hamas

Sala de aula na Universidade Al-Azhar, em Gaza, onde uma coroa de flores identifica o lugar onde sentava um estudante morto durante a Nova Intifada

Abaixo, vista do campo de refugiados Jabalya, em Gaza. A enorme quantidade de casas inacabadas lembra a paisagem da periferia de São Paulo

O célebre pacifista Uri Avnery, durante protesto contra o muro: “Se fosse construído na Linha Verde, seria uma idéia razoável”

Acima, Mordechai Spigler, autor do único gol da seleção israelense numa Copa do Mundo e companheiro de Pelé no Cosmos

Ao lado, o jogador de futebol brasileiro Gabriel Lima, que revolucionou o esporte em Israel. Ele veste um cachecol feito especialmente para ele por fãs: metade bandeira do Brasil, metade emblema do time Bnei Sakhnin

O paramédico israelense Amit Dilion (*à direita*), numa central de emergência da Estrela de Davi Vermelha

Abaixo, o motorista de ambulância palestino Sofian Koran, filho de uma brasileira

Walid Al-Omary, correspondente-chefe da Al-Jazeera, em transmissão ao vivo em seu estúdio de Ramallah (*no alto, à esquerda*)

O novo "bispo judeu"
da Terra Santa,
Jean-Baptiste Gourion

Shmuel Givon,
o mais idoso soldado
de Israel na luta
contra a Nova Intifada

O israelense Elad Vassi, que ficou paralisado da cintura para baixo após atentado terrorista

O zagueiro brasileiro Índio, contratado para jogar pelo Betar Jerusalém; seu filho já aprendeu hebraico e atua como seu tradutor

Vendedor ambulante palestino espera clientes em vão, em frente à Igreja da Natividade (Belém), onde a tradição diz que Jesus nasceu

foi construído um *bunker*. Toda a colônia está cercada por arame farpado, alguns soldados vestidos para a guerra passam com freqüência por ali e o ônibus escolar blindado só sai escoltado por jipes militares. Durante a Nova Intifada, um pai e um filho moradores de Ofra foram mortos por franco-atiradores palestinos em estradas próximas, com diferença de três meses entre cada incidente. Apesar disso, Natanael Levi acha que está vivendo no melhor lugar do mundo.

— Este lugar é paradisíaco, amo o brilho destas montanhas e a cor deste céu — afirma.

Levi, 44, vive em Ofra há quase vinte anos com sua esposa judia-brasileira, Sara, e seis filhos nascidos na colônia. Paulista, ele estudou durante dois anos Engenharia na USP e tinha como hobby cantar no coral da universidade. Imigrou para Israel meio por acaso, porque não conseguiu se transferir para o ITA, uma escola aeronáutica localizada no interior do estado de São Paulo. Não era particularmente religioso na época, mas isso foi mudando aos poucos. Hoje ele usa uma grande *kipá* na cabeça, feita de tricô, sinal de identificação dos religiosos nacionalistas de Israel. Também pediu ao Ministério do Interior para mudar seu nome, de Sérgio para Natanael.

No quintal de sua casa em Ofra, tremula uma grande bandeira israelense. Na sala de visitas, livros de religião ocupam o ambiente — várias bíblias e livros escritos por rabinos. Todos os quadros trazem motivos religiosos e em especial reproduções do antigo Templo dos judeus, que os nacionalistas religiosos de Israel gostariam de reconstruir no lugar da Cúpula da Rocha muçulmana e da Mesquita Al-Aqsa, em Jerusalém. Como contraste a este ambiente sacro, alguns CDs de Caetano Veloso e Vinicius de Moraes ocupam um canto.

— Curto MPB e em particular Vinicius, o poeta do amor.

Há mais de dez anos, no tempo da Primeira Intifada, Natanael instalou em seu carro uma proteção de plástico reforçado contra pedradas. Hoje, isso oferece pouco abrigo contra os tiros que militantes palestinos disparam nas estradas da Cisjordânia contra os colonos, seus alvos prediletos. No banco da frente de seu carro, Natanael tem um colete à prova de balas, que ele veste quando circula pelas estradas da Cisjordânia. Mas quando dá carona a algum amigo ou viaja com familiares, ele nem coloca a proteção, para não amedrontar as outras pessoas.

— A idéia é não mudar nossa rotina, senão as precauções não teriam fim e paralisariam nossa vida.

Sua esposa, que mudou o nome de Sandra para Sara ao ficar mais religiosa, compartilha as idéias do marido. Ela trabalha em Jerusalém e escapou por pouco de um atentado na cidade durante esta Nova Intifada — um ponto de ônibus foi explodido 15 minutos depois de ela ter subido num coletivo e deixado o local. Enquanto prepara o jantar para a família, Sara conta que se sentiu "traída" pelo premiê Ytzhak Rabin, quando ele assinou o acordo de paz com os palestinos em 1993.

— Aqueles foram meus piores dias em Israel — diz.

Durante quase toda a Nova Intifada, Ofra não parou de crescer, apesar de toda a pressão internacional para Israel cessar a expansão das colônias. Os residentes da comunidade colocaram um trailer a 1 quilômetro de distância, para servir de local de estudos religiosos — e também para expandir a colônia. O exército não gostou da idéia e desmantelou o trailer. Os colonos não desistiram e compraram a casa de uma família árabe a algumas centenas de metros, com a mesma finalidade. Dessa vez, o exército não pôde fazer nada.

Também em Ofra é que se vê uma das cenas mais humilhantes do conflito entre israelenses e palestinos. A construção de residências na colônia é feita por árabes, que não têm outra opção a não ser aceitar esse trabalho para sobreviver. Antes da Nova Intifada, o serviço era feito por palestinos dos vilarejos vizinhos, mas com o início das hostilidades a colônia contratou árabes cidadãos de Israel, menos agressivos aos colonos.

Ofra chegou a estar no plano de Ehud Barak como uma das colônias que seriam entregues aos palestinos num acordo de paz.

A ameaça de evacuação da colônia continua no horizonte, principalmente após o governo israelense ter decidido que o novo muro construído na Cisjordânia deixará Ofra do "outro" lado, desconectada do restante de Israel.

O filho mais velho de Levi está servindo no exército e, em breve, o segundo também se alistará. Em seus piores pesadelos, o colono brasileiro os vê recebendo uma ordem do governo para desmantelar sua própria colônia.

— Já conversei com meu filho sobre isso. Ele diz que tentaria obedecer à ordem do exército, mas não garante nada.

Levi tem certeza de que estamos próximos da chegada do messias na Terra. Os "sinais" são a volta dos judeus à terra de seus ancestrais e o desenvolvimento econômico de Israel. Problemas como a Nova Intifada são interpretados por ele como "as dores do nascimento da nova era", uma situação já prevista nas profecias. A fundação de um país independente palestino somente atrapalharia todo esse processo.

— Um novo Estado árabe nesta região iria contra a tendência messiânica, pois seria necessário expulsar judeus desta terra.

De qualquer maneira, um país palestino não teria grandes chances de sobrevivência, em sua opinião. A diferença econômica entre os dois povos é tão grande que os territórios palestinos são comparados por ele a um "quarto de empregada".

— Eles têm ciúme de nós; não poderá haver uma relação boa. O que será a Palestina? Dá para imaginar coisa boa saindo disso?

COMO NASCE UMA COLÔNIA

Se a minúscula comunidade apelidada de Havat Maon existisse em alguma beira de estrada no Brasil, com certeza passaria totalmente despercebida. Afinal de contas, o que se vê ali é apenas um ônibus velho transformado em abrigo, quatro casas precárias e dois carros. Mas Havat Maon, plantada em meio a uma vastidão seca que a Bíblia chama de Deserto de Judá, não só atrai a atenção de milhões de pessoas em todo o mundo como também é peça fundamental no jogo de xadrez da política do Oriente Médio. É na realidade uma microcomunidade estabelecida por colonos sem autorização do governo israelense, para ampliar a qualquer custo a presença judaica na Cisjordânia.

Circular com segurança entre essas microcomunidades ilegais na parte sul da Cisjordânia é possível apenas dentro de um ônibus blindado. A estrada que sai de Jerusalém serpenteia por várias cidades palestinas — Belém, Hebron, Yata — e dezenas de pequenos vilarejos árabes. Apesar da grande concentração de árabes vivendo na região, apenas carros com placa israelense têm autorização para circular pelas estradas — o que os torna também alvos mais fáceis de ataques. Dois túneis dessa rodovia se tornaram constantes alvos de emboscadas palestinas durante a Nova Intifada, e os ataques continuaram mesmo depois de o exército ter erguido uma muralha protegendo a saída de veículos.

Para ver Havat Maon é preciso parar o carro no acostamento e caminhar 1 quilômetro por uma trilha pedregosa. Mas a 200 metros da microcomunidade aparece um jipe com colonos armados que patrulham a área e impedem uma maior aproximação. Havat Maon está localizada ao lado de uma colônia já estabelecida, chamada Maon. Isso a protege e garante o abastecimento de comida, eletricidade e água no meio do deserto. A microcomunidade "retribui" a ajuda atuando como uma expansão da colônia.

A estratégia dos colonos é fundar várias dessas microcomunidades ilegais ao longo da Cisjordânia — já existem cerca de 100 delas no território palestino. Algumas servem apenas como "boi de piranha", para serem negociadas e eventualmente demolidas toda vez que o governo "acorda" para o problema. Dessa maneira, uma microcomunidade é sacrificada em defesa das demais. Mas outras têm a função realmente de crescer, atrair mais israelenses e serem transformadas numa colônia reconhecida pelo governo.

Quando conversei sobre o assunto com Yoshua Mor-Yosef, o porta-voz do movimento dos colonos, ele foi sincero sobre o seu real objetivo.

— Queremos transformar esses lugares em futuras colônias — disse.

A estrada que leva às outras microcomunidades da região engana ao desvendar uma paisagem calma e pastoril. Bastou um pequeno grupo do movimento pacifista israelense Paz Agora ser parado por soldados para a tensão tomar conta do lugar. Carros de colonos que passavam por ali provocaram os esquerdistas com gritos e sinais. Um dos veículos parou e saíram de dentro um homem e duas mulheres, empunhando a bandeira amarela do movimento Kahane Vive, que prega a expulsão de todos os árabes da Cisjordânia. Os soldados tiveram de intervir para separar os dois grupos.

A próxima microcomunidade é Abigail, no extremo sul da Cisjordânia. Cerca de dez pessoas habitam o lugar, incluindo pelo menos uma criança. O posto está fincado numa colina e tudo se resume a duas casas e um ônibus velho. Daqui se vê a cidade palestina Yata, com cerca de 20 mil habitantes e vários vilarejos árabes circundando o isolado posto. Essa comunidade ilegal pode ser considerada grande quando comparada a outras espalhadas pela Cisjordânia, que às vezes são formadas apenas por uma casa, habitada por apenas uma família de colonos.

Alguns postos avançados são tão precários que chegam a ficar totalmente vazios quando seus poucos residentes têm compromissos em outros lugares. Por exemplo, ninguém se encontrava em nenhuma das cinco casas de Mitzpe Eshet-Moa quando cheguei ali, um posto ao sul de Hebron. As habitações pré-fabricadas, com vista para um bucólico vale, são ocupadas normalmente por estudantes da colônia vizinha Otniel. Tanto a colônia quanto a microcomunidade estão localizadas numa região densamente povoada por palestinos e têm como vizinhos cerca de 50 cidades e vilarejos nada amistosos com eles.

Como acontece com a maioria das microcomunidades, também em Mitzpe Eshet-Moa o exército acabou deslocando soldados para proteger seus habitantes, que seriam "devorados" por seus vizinhos se não houvesse proteção militar. Acaba então surgindo uma situação em que o governo reconhece de certa maneira essas microcomunidades.

Os soldados que protegem as cinco casas vazias de Mitzpe Eshet-Moa vasculham todos os carros que passam pela estrada. Quando perguntei sobre o paradeiro dos estudantes que habitam essas casas, o jovem soldado, ingenuamente, acabou revelando no que pode se transformar, no futuro, esta precária habitação.

— Os moradores da colônia não estão no momento — informou.

O COLONO BOA GENTE

Tekoa é uma colônia judaica na Cisjordânia, cercada por vilarejos palestinos e distante apenas quinze minutos de Belém. Seus habitantes são ultranacionalistas, mas no meio deles também vive um colono que já foi chamado de "sábio" por Arafat e que defende ardorosamente a criação de um Estado palestino com capital em Jerusalém.

O rabino Menachem Froman, 55 anos, não aparenta ser diferente de outros judeus ortodoxos. Apesar do sol abrasador do início de verão, ele veste um terno preto, mesmo dentro de sua casa sem ar-condicionado. Seguindo a tradição religiosa, ele tem uma grande família: dez filhos. É conhecido por sua erudição e circula pelas colônias dando aulas, especialmente sobre Cabala, a mística judaica. A partir da década de 1990, tornou-se conhecido tanto em Israel quanto entre os palestinos pelos inúmeros encontros privados que manteve com Arafat, em busca de uma solução para o conflito da região.

— Muitos judeus simplesmente não querem aceitar a realidade, mas o fato é que nesta terra vivem muitos árabes — disse-me Froman

Enquanto conversamos, ele saboreia um pedaço de pão pita com tempero *zatar*, um prato típico palestino, preparado por sua esposa. O rabino já comparou o falecido Arafat ao *hamsin*, o vento quente do deserto, que nessa época do ano sopra quase a cada semana, aumentando em alguns graus a quase já insuportável temperatura.

— Este ar quente é bom? Não seria melhor uma brisa suave? Mas esta é a realidade e precisamos lidar com ela.

Apenas algumas dezenas de metros separa a colônia Tekoa do vilarejo palestino Tokua. Casas judaicas e árabes têm vista umas para as outras e é possível observar da colônia com nitidez a movimentação no vilarejo vizinho. Froman compara a situação à de um casamento e baseia nisso sua missão de diálogo.

— Vivemos aqui misturados, como se fôssemos um casal. Por isso não pode acontecer que uma das partes esteja satisfeita e a outra não. Se para um está ruim, então não está bom para o outro.

Durante os dias mais tensos da Nova Intifada, o rabino se ausentou de casa por longos períodos. Ele circulou por toda a Cisjordânia e trabalhou até de madrugada, tentando manter a comunicação entre israelenses e palestinos. Seu carro, diferentemente dos ônibus que servem à colônia, não é blindado e ele corre risco de vida a cada viagem.

Esse foi mais um feito na carreira de Froman, que já havia surpreendido a todos, principalmente seus vizinhos colonos, reunindo-se diversas vezes com Ahmed Yassin, o líder do Hamas assassinado por Israel em 2004. O rabino acredita ser possível uma acomodação até com os extremistas islâmicos, mediante a idéia comum de que "a Terra Santa pertence a Deus". Num desses encontros, Froman fez orações junto com seus hóspedes extremistas, cada um segundo sua tradição. Esse ecumenismo já havia sido demonstrado pelo rabino havia alguns anos, quando, durante uma forte seca em Israel, ele convidou o líder tibetano, dalai-lama, para uma oração por chuvas à beira do Lago da Galiléia, ao lado também de um líder islâmico palestino, um monge fransciscano e um pastor protestante.

Froman acredita que só a religião será capaz de trazer a paz ao Oriente Médio. Ele diz se apoiar no fato de que quase todos os palestinos são religiosos e também boa parte dos judeus.

— O problema dos acordos de paz de Oslo é que as tentativas ignoraram esta realidade. Nossos líderes sabem falar bem inglês e conhecem tudo da cultura ocidental, mas eles se esquecem de que as pessoas daqui são religiosas, estão ligadas a esta terra pela tradição.

Bem-humorado, apesar de na noite anterior ter dormido apenas duas horas em razão de seu trabalho diplomático, Froman diz sorrindo que tanto israelenses quanto palestinos são povos "primitivos", que desejam uma paz baseada em antigas tradições. Por isso, o rabino recusa a idéia de que as colônias judaicas sejam a raiz do conflito atual. Ele considera esses assentamentos "lugares sagrados" e já declarou estar disposto a continuar vivendo em Tekoa, mesmo sob um governo palestino. Da janela de sua casa, dá para ver as montanhas da região bíblica chamada de Deserto de Judá, lugar inóspito onde quase não existem moradores.

— Aqui não há petróleo, nem ouro e quase não se pode plantar. Viemos para cá porque é onde nasceu o profeta Amós e o lugar em que o rei David vinha com seu rebanho.

A razão real do conflito, argumenta Froman, é a dignidade que foi tirada dos palestinos.

— O Islã é um império, uma cultura enorme que não está sendo respeitada. Eles merecem reconhecimento e não serem insultados.

Daí ele ter sido uma das primeiras vozes a defender um Estado palestino com capital em Jerusalém e a proclamação de que a Esplanada de Jerusalém — onde a visita de Ariel Sharon fez eclodir a intifada — pertence "a Deus" e não a qualquer país da região.

Froman é uma ovelha negra entre os colonos e provoca reações agressivas em seus vizinhos. Tamar, 49 anos, uma corretora de imóveis francesa que vive na colônia há 20 anos, convidou-me para um café em sua casa, mas se irritou quando ouviu falar de Froman. Chamou-o de "louco" e conta que a comunidade já tentou expulsá-lo.

— Muitos aqui não o reconhecem como nosso rabino — confidencia.

Já no ônibus blindado, no caminho de volta a Jerusalém, encontrei Eyal, 25 anos, um judeu religioso morador da colônia judaica vizinha, Efrata. Ele conta que já tomou várias vezes o ônibus circular da Cisjordânia, mesmo em períodos de aguda tensão, apenas para assistir às aulas de religião do rabino Froman.

— Admiro-o, porque ele está tentando fazer a paz fundamentado em nossas tradições — explica.

6

GUERRA DE PALAVRAS

O delicado trabalho dos jornalistas na cobertura da Nova Intifada

A NOVA INTIFADA é um pequeno conflito entre dois pequenos povos que disputam um minúsculo território. Mas é também uma guerra que ocupa manchetes colossais nos jornais do mundo todo e chegou a atrair o incrível número de mil jornalistas estrangeiros para a região durante a mais recente crise. Por que a guerra entre judeus e árabes desperta tanto a atenção da mídia?

São várias as razões. Uma delas é que os dois povos brigam muito perto de importantes reservas mundiais de petróleo — o Oriente Médio possui cerca de um terço do "ouro negro" do planeta. Qualquer oscilação na região é sentida diretamente no bolso de toda a humanidade.

*Além disso, o conflito israelense-palestino chama a atenção por acontecer numa terra santa. As três religiões monoteístas — judaísmo, cristianismo e islamismo — veneram esse lugar, e seus fiéis ao redor do mundo querem acompanhar o desenrolar dos acontecimentos em Jerusalém, Belém ou Nazaré. O interesse é aguçado pela Bíblia, que prevê acontecimentos extraordinários nessa região, tais como a chegada da era messiânica em meio a batalhas sangrentas (*consulte, por exemplo, Apocalipse 14, Ezequiel 39 e Zacarias 2*).*

Trata-se também de um conflito que atrai interesse por transcender as duas pequenas nações envolvidas e englobar grandes civilizações. A criação de Israel, em 1948, é vista pela civilização judaica como um marco em seus 4 mil anos de história, representando o fim de um exílio que começou com a destruição de Jerusalém no ano 70 pelos romanos e terminou com o Holocausto nazista. Já para a civilização árabe, o estabelecimento de um Estado judeu representou uma excepcional invasão em terras islâmicas, difícil de ser engolida.

Com tanta história e paixão envolvidas, a tarefa do jornalista de buscar objetividade em sua cobertura fica difícil — para não dizer impossível. Um sinal da dificuldade é que nenhum dos dois lados do conflito fica satisfeito com a cobertura da mídia. Os israelenses acham que a maior parte das redações internacionais é formada por jornalistas de tendência árabe e até anti-semita. Já os palestinos acreditam que os judeus controlam a mídia internacional e impõem uma cobertura pró-Israel.

Neste capítulo teremos os detalhes de três encontros com figuras importantes do jornalismo na Nova Intifada: Gideon Levy, o apaixonado repórter israelense que se enamorou da causa palestina; o correspondente em Ramallah da Al Jazeera, a rede de TV que revolucionou a mídia árabe; e uma conversa com o editor do jornal Haaretz, *o mais ousado de Israel.*

A SOLITÁRIA CONSCIÊNCIA DE TEL AVIV

Gideon Levy, o jornalista mais polêmico de Israel, revelou certa vez numa entrevista ao diário israelense *Yedioth Ahronot* a terrível história pessoal que serve de motivação para o seu trabalho. Seu filho de 1 ano de idade fora atacado por um vírus letal e sofreu muito antes de morrer. Durante a doença, Levy e a esposa ficavam aliviados quando o bebê chorava, pois era um sinal de que ainda estava lutando pela vida. Mas quando o filho ficou mudo, sem reação, não resistiu por pouco mais de uma semana. O jornalista acha que essa mesma perigosa apatia assola atualmente o seu país.

— Uma sociedade que grita ainda é uma sociedade saudável. Mas, no momento em que entramos num estado de paralisia, temos o sinal de uma doença muito grave. E nós já estamos lá.

Levy não só não ficou parado como nos últimos 15 anos realizou um trabalho jornalístico excepcional que conquistou admiradores no mundo todo — e também críticos raivosos. Toda semana, ele deixa o conforto de seu apartamento num elegante bairro de Tel Aviv e entra nos territórios palestinos. Solitário e passando por incontáveis situações de risco, ele é um homem obcecado por uma auto-imposta missão: tirar seus concidadãos da "apatia" ao revelar o duro dia-a-dia dos palestinos vivendo sob ocupação.

Conversei com Levy em seu novo e confortável apartamento, ainda bagunçado com a recente mudança. Ele mostra o livro em hebraico de mais de 800 páginas que publicou durante a Nova Intifada — uma coletânea de suas histórias na Cisjordânia e em Gaza nos últimos 15 anos. O título é "Crepúsculo", o mesmo de sua coluna semanal no jornal *Haaretz*. A decoração de sua sala são fotografias em tamanho gigante, que ilustraram algumas de suas reportagens: um menino árabe chorando ao lado de um soldado israelense e um grupo de palestinos levantando suas camisas para provar num posto militar que não carregam cinturões de explosivos.

O jornalista não gosta de tocar no assunto, mas em Israel todos sabem que a história de amor que ele viveu com a palestina Nadia Sartawi influenciou bastante sua visão de mundo. Eles se conheceram num evento pró-paz em Tel Aviv, nos anos 90. Nadia tinha programado passar dois dias na cidade, mas acabou morando durante dois anos na casa do jornalista israelense. Ela é filha de Issam Sartawi, um político moderado da OLP, assassinado por radicais palestinos em 1983.

Na rotina do casal, dormiam juntos em Tel Aviv e, no dia seguinte, Nadia viajava até Ramallah, onde trabalhava em escritórios de altos funcionários da Autoridade Palestina. Certo dia, Levy foi fazer uma matéria na Cisjordânia e se espantou ao perceber quanto estava perto do poder palestino. Ninguém menos que Yasser Arafat conversava com auxiliares apoiado em seu carro, que Nadia usara naquele dia para ir para Ramallah. Um dia o romance acabou, mas a influência ficou. No prefácio de seu livro, Levy agradece à ex-namorada por ter "aberto seus olhos".

Depois de anos visitando as áreas palestinas, não faltam contatos de alto nível para proteger o jornalista durante seu delicado trabalho. Algumas vezes ele apela para esses contatos, por exemplo, quando circulou na conturbada cidade de Jenin sob os auspícios do líder local das Brigadas dos Mártires de Al-Aqsa, um militante caçado pelo exército israelense. Mas normalmente ele gosta de trabalhar sozinho, acompanhado apenas de um fotógrafo.

— Certa vez visitei uma família de Gaza protegido por seguranças palestinos armados. Me senti mal, constrangido e não pude conversar direito com as pessoas. Um jornalista não pode trabalhar com proteção, isso é contra o nosso ofício.

Seguindo essa filosofia, Levy já arriscou sua vida diversas vezes. Durante a Nova Intifada, nos arredores da cidade palestina Tulkarm, seu carro foi barrado por militares de Israel. A área estava sob toque de recolher e, quando se preparava para dar meia-volta, o veículo foi alvejado por uma rajada de tiros. Levy só escapou porque se precavera um pouco: o seu carro era blindado.

Ao lado de sua luta jornalística semanal, Levy também enfrenta uma batalha pessoal contra o câncer. A doença se manifestou pela primeira vez quando tinha 18 anos e, após um tratamento quimioterápico, o quadro se estabilizou. Mas há sete anos houve uma reincidência, seguida de diversas cirurgias, a última bem recente. Num episódio dramático da doença, o jornalista desmaiou em pleno trabalho, num campo de refugiados palestinos, e foi internado às pressas.

Apesar de arriscar a vida em seu trabalho, Levy recebe pouca apreciação. Diversos leitores já escreveram ao seu jornal cancelando assinaturas alegando não gostar de suas reportagens. Declaram-se irritados com matérias que julgam tendenciosas, por mostrarem o sofrimento apenas do lado palestino. Realmente, ele nunca entrevistou uma vítima israelense de atentados suicidas do Hamas, nem pretende fazê-lo.

— Não preciso escrever sobre as vítimas de atentados, a imprensa israelense já está repleta desse tipo de cobertura.

A matéria-prima de Levy são exclusivamente as agruras vividas pelos palestinos. Na semana em que o visitei, ele publicou uma matéria sobre a reconstrução do campo de refugiados de Jenin, cujo centro fora destruído durante a Nova Intifada, numa polêmica operação do exército israelense. Ele notou, com espanto, que as novas ruas de Jenin estão agora projetadas para dar espaço de circulação aos tanques israelenses — um indício de que o conflito ainda não tem data para acabar.

Algumas de suas reportagens marcaram época, e talvez a mais extraordinária tenha sido uma entrevista sua com o ex-primeiro-ministro israelense Ehud Barak. Quando Levy quis saber o que ele faria se tivesse nascido palestino, o premiê respondeu que se alistaria numa organização terrorista.

— Aquela matéria foi importante, pois sempre tento convencer meus concidadãos a se colocar no lugar dos palestinos, para sentirem a realidade vivida por eles.

Quando não está envolvido em sua "missão", Levy é o típico morador de Tel Aviv. Gosta de usar bermudão, sandálias e camiseta simples. Divorciado, 51 anos, dois filhos, ele também freqüenta restaurantes badalados na noite da cidade e já namorou mulheres bonitas da televisão. O jornalista é tão "normal" que até hoje não conseguiu aprender a falar árabe — apesar de inúmeras aulas particulares — e por isso entrevista os palestinos em inglês ou até mesmo em hebraico.

Sua infância e juventude também seguiram os padrões da sociedade israelense. Prestou serviço militar e se recorda de ter ficado exultante com a vitória de Israel na Guerra dos Seis Dias, em 1967, quando foram conquistados os territórios palestinos.

* * *

Levy acha que este seu lado "cidadão comum" é importante para dar mais credibilidade ao seu trabalho no jornalismo.

— É importante que o trabalho que realizo junto aos palestinos seja feito por um israelense comum. Se eu fosse árabe, meus leitores não acreditariam nas histórias que escrevo.

Levy não se incomoda em ser visto como uma ovelha negra, mesmo dentro de sua própria família. Seu filho mais velho está na idade de se alistar no exército e já informou ao pai que quer servir numa unidade de elite de combatentes, para lutar contra a Nova Intifada. O jornalista diz que está tranqüilo com essa decisão.

— Tudo bem, não tem problema, eu também era assim quando tinha 18 anos. Só espero que ele fique como eu, quando chegar aos 50.

A REVOLUÇÃO NA MÍDIA ÁRABE

Yasser Arafat chegou a cortar relações com eles e se recusou durante anos a lhes dar qualquer entrevista. O ministro das Comunicações de Israel tentou banir suas transmissões ao país, acusando-os de incitar a população árabe. O Kuait diz que eles trabalharam para Sadam Hussein. O Hamas os acusa de servirem à CIA e a Jordânia afirma que são agentes do Mossad, o serviço secreto israelense. Uma coisa pelo menos é certa: o pessoal da rede de TV Al-Jazeera, a "CNN do mundo árabe", com sua postura de jornalismo independente, conseguiu enfurecer todos os governos da região e conquistar milhões de fiéis telespectadores.

A Al-Jazeera chacoalhou o mundo árabe quando surgiu em 1996, financiada pelo governo do Qatar, um pequeno e milionário país do Golfo Pérsico. Pela primeira vez, uma rede de TV árabe do Oriente Médio ousou tocar em assuntos-tabu da região, como a falta de democracia e a repressão às mulheres. Depois dos atentados de 11 de Setembro, o mundo todo se interessou em conhecer melhor o que se passa nessa região — e para isso a Al-Jazeera se tornou uma das melhores fontes de informação.

Em sua curta história, a rede de TV árabe contabilizou alguns feitos notáveis. Durante a guerra dos Estados Unidos contra o Afeganistão, em 2001, foi a única estação instalada no País dos Talibãs durante semanas. Também foi a rede que mostrou ao mundo o célebre vídeo do terrorista Osama Bin Laden comemorando os atentados de 11 de Setembro contra os EUA.

Visitei um dos 35 escritórios da Al-Jazeera espalhados pelo mundo: a estação de Ramallah, na Cisjordânia. Poucas semanas antes da visita, um míssil do exército israelense fora disparado contra esse escritório. Tal tipo de situação não é novidade para os 350 funcionários da Al-Jazeera mundial. Durante a guerra do Afeganistão, um míssil norte-americano "errou o alvo" e destruiu o escritório da estação de TV na capital, Cabul.

Quando cheguei, o correspondente-chefe da Al-Jazeera para a região, Walid Al-Omary, estava transmitindo ao vivo um boletim sobre os últimos acontecimentos: um atentado em Jerusalém no início da semana e a represália de jatos israelenses no dia anterior, a poucas centenas de metros dali.

Al-Omary, 44 anos, é um árabe de cidadania israelense, nascido num vilarejo perto da cidade de Nazaré. Formou-se em jornalismo pela Universidade de Tel Aviv e, por isso, tem a vantagem de conhecer bem a realidade dos dois lados do conflito. Em sua delicada posição, ele é responsável por "fazer a cabeça" de estimados 35 milhões de espectadores árabes espalhados pelo planeta — um público que dedica especial atenção à Nova Intifada.

Seu delicado posto também o obriga a andar no fio da navalha entre as autoridades israelenses e palestinas. Várias vezes os repórteres palestinos que ele comanda foram barrados nos bloqueios militares da Cisjordânia e proibidos de entrar em território israelense. Também os colonos israelenses representam uma constante ameaça de agressão física.

Mas o trabalho com a Autoridade Palestina (AP) também não é fácil. Quando a Al-Jazeera preparou uma matéria sobre corrupção no governo palestino e ainda filmou determinada demonstração popular contra Yasser Arafat, a estação de TV foi fechada pela polícia por alguns dias.

— A AP acha que deveríamos servir à causa deles, mas não estamos aqui para servir a ninguém — diz o jornalista.

Observador privilegiado do atual conflito, Al-Omary não poupa nenhum dos dois lados quando o assunto é a cobertura jornalística da Nova Intifada.

— A TV palestina trabalha para a AP, nada mais. Não há nenhum balanço ali. Já a mídia israelense é mais profissional, mas se alinha à bandeira do país assim que acontece algo importante em termos de segurança.

Isso não quer dizer que a cobertura da própria Al-Jazeera seja imparcial. É uma rede de TV declaradamente árabe e, por isso, a simpatia tende naturalmente para o lado palestino. A tendência é fácil de perceber através do *website* em inglês da Al-Jazeera (http://english.aljazeera.net/homepage). Uma das críticas feitas contra a rede árabe durante a Nova Intifada foi sua decisão de chamar os mortos palestinos de *shaheed* (mártir).

— Realmente usamos esse termo para todos os mortos palestinos. Achamos que eles lutam por sua liberdade e não morrem por *hobby*, por isso resolvemos usar uma palavra alternativa a "mortos". Mas para os suicidas não usamos a palavra *shaheed*. Chamamos de "atacantes" — explica Al-Omary.

Mesmo com suas falhas, a Al-Jazeera é uma excelente porta de entrada para quem quiser compreender melhor o mundo árabe. Só não se pode exigir deles notícias frescas sobre seu país de origem. Dizem que a Al-Jazeera recebeu carta-branca do emir do Qatar para criticar todo mundo — menos o seu próprio governo. O Qatar é comandado de maneira autoritária por uma só família, os Al-Thani, cujos membros ocupam quase todos os cargos ministeriais. Quando o assunto é a cobertura de seus patrões, Al-Omary desconversa.

— O Qatar é um país pequeno. Os telespectadores não estão interessados no que acontece ali.

A OUSADIA DO LIBERAL *HAARETZ*

A mesa do editor-chefe do jornal israelense *Haaretz*, Hanoch Marmari, 53 anos, está repleta de papéis, recortes e fotografias. Mas no meio de toda essa confusão ele se concentra numa charge, publicada pelo diário inglês *The Independent*. Nela, um enorme Ariel Sharon chuta com violência um indefeso Yasser Arafat, já caído no chão. O personagem Sharon, cínico, aparece gritando para um guarda: "Socorro, assassinato, ele continua machucando minhas botas com suas intifadas". O guarda, espécie de caricatura de George Bush, assobia despreocupado.

— Às vezes sinto que as coisas não são tão simples como aparecem na mídia internacional — diz o editor.

O jornal que Marmari comanda há dez anos é um dos mais importantes de Israel e o preferido dos intelectuais, universitários e liberais em geral. A marca registrada do *Haaretz* (A Terra, em hebraico) é a ousadia com que trata os assuntos mais delicados do país. Isso está simbolizado logo na entrada da sede do jornal, ao sul de Tel Aviv. Um enorme quadro, assinado por um artista israelense, tem como tema os anúncios eróticos que costumam sair em meio aos classificados dos jornais.

Outro diferencial do jornal é sua seção de cartas do leitor, onde aparecem com freqüência mensagens recebidas de países árabes e de palestinos da Cisjordânia e de Gaza, com severas críticas ao governo israelense.

O *Haaretz* tem como política interna não dar moleza à censura militar de Israel. Todo jornalista que trabalha no país é obrigado a apresentar aos censores do exército, antes de publicar, qualquer matéria que trate de assuntos sensíveis. Cabe ao próprio jornalista julgar o que seja "assunto sensível" e o editor Marmari diz que sempre procura ousar.

— No passado, havia uma lista de assuntos proibidos. Talvez ainda exista, mas não a seguimos aqui. No jornal, tomamos uma grande liberdade sobre o que achamos que se deva apresentar ao censor. Muitas vezes vamos até o limite da "fronteira", o que outros jornais e canais de TV locais não fazem.

Apesar de sempre pairar a possibilidade de censura, Marmari considera que em Israel existe uma grande liberdade de imprensa — "quase total", como ele diz. À parte alguns momentos críticos, durante a Nova Intifada os jornalistas israelenses puderam trabalhar livremente nos territórios palestinos.

No início do conflito, com a escalada da violência, o editor reuniu seus repórteres que costumam cobrir a Cisjordânia e Gaza e deixou claro que não estava obrigando ninguém a se envolver em situações de risco. Disse à equipe que preferia abrir mão de furos de reportagem e vê-los em segurança. Mas a maioria dos jornalistas continuou trabalhando como antes.

— As dificuldades que eles passam são aquelas óbvias, os riscos de serem alvejados nas estradas, por acidente ou propositalmente. Também podem ser parados num posto de controle palestino, que às vezes pode não ser o lugar mais seguro do mundo.

A maior segurança para os jornalistas israelenses continua sendo o respeito pelo poder da mídia. Mesmo militantes radicais do Hamas e da Jihad Islâmica gostam de dar declarações aos jornais e TVs de Israel, para falar diretamente com a população do país inimigo. Muitas dessas entrevistas com líderes palestinos são feitas em hebraico.

— Os palestinos são bem conscientes da força da mídia e querem apresentar seus pontos de vista. Temos muitos anos de experiência nessa área e nossos jornalistas nunca foram tocados ou ameaçados por eles.

O *Haaretz* é uma empresa familiar e recentemente a terceira geração do clã Schocken assumiu o comando do jornal. Sua tiragem não é grande: 75 mil cópias em dias comuns e 95 mil nos fins de semana. Mas sua influência é enorme, sobretudo por ser lido pela elite israelense e constituir a principal fonte de informação para os jornalistas estrangeiros sediados no país, em sua versão em inglês (www.haaretzdaily.com).

Contudo, apesar de sua postura liberal e abertamente favorável a um acordo de paz com os palestinos, o *Haaretz* tem algumas incongruências. Nenhum de seus colunistas é árabe — apesar de os árabes representarem quase 20% da população israelense. Também acontece com bastante freqüência de o jornal noticiar a morte de palestinos somente em sua segunda página, enquanto a manchete trata de algum acontecimento político israelense de menor importância.

Marmari reconhece essa situação e a explica como uma questão de mercado.

— Somos um jornal israelense e nossos leitores são quase 100% locais. Algumas cópias do *Haaretz* são vendidas em bancas de jornal dos territórios palestinos, mas não sei se temos assinantes ali. Então, basicamente, escrevemos para o leitor israelense. Nesse sentido, Israel é como qualquer outro país: as pessoas são mais curiosas a respeito da identidade de seu concidadão morto e de sua história pessoal.

7

Perdendo um bom negócio

Judeus e árabes dão adeus ao *boom* econômico da paz

Diz a lenda que judeus e árabes estão dispostos a tudo para não perder dinheiro. Bem, pelo menos no conflito do Oriente Médio, isso não é verdade. Uma das características da Nova Intifada é a lenta agonia econômica que israelenses e palestinos aceitam sofrer em nome de seus ideais nacionais e religiosos. Um monte sagrado, uma tumba de ancestrais, uma velha mesquita, uma sinagoga semi-abandonada — por coisas desse tipo, que têm mais valor na mente das pessoas do que na bolsa de valores, os dois povos se mostram preparados a sacrificar boa parte de suas economias.

Os palestinos foram os que mais sofreram perdas nesta intifada. Centenas de casas foram destruídas, campos cultivados foram esmagados e metade dos assalariados do setor privado perdeu seus empregos. Um terço da mão-de-obra palestina, pessoas que ganhavam seu sustento trabalhando em Israel, acabou sentado em casa.

O quadro é ainda mais cruel ao se levar em conta a euforia que tomou conta da economia palestina durante o processo de paz. Novos e dinâmicos negócios pipocaram por toda a Cisjordânia e Gaza, a economia chegou a crescer 6% ao ano e os investimentos privados alcançaram a marca de 8 bilhões de dólares.

A moderna economia de Israel sofreu menos, mas, para quem sonhou viver numa Europa durante o processo de paz, acordar em pleno Oriente Médio com o barulho de um novo conflito foi traumático. Durante os anos 90, Israel chegou a ser líder mundial em crescimento do PIB *e sua expansão industrial só era superada pela Coréia do Sul.*

A Nova Intifada levou Israel ao seu pior desempenho econômico desde 1953. Nos primeiros 24 meses de conflito, a economia somente decresceu, o que nunca havia acontecido antes na história do país. Com a violência, a indústria do turismo na Terra Santa simplesmente evaporou.

Acompanhe neste capítulo uma visita ao que sobrou da Taybeh Beer, um dos mais brilhantes empreendimentos palestinos surgidos nos anos da paz; conheça um pouco do secreto mundo da Bolsa de Diamantes de Israel, onde o goveno e a intifada não entram; e a força da fé que transformou fundamentalistas cristãos em empresários de sucesso na Terra Santa.

AS DESVENTURAS DA "LOIRA" PALESTINA

Durante o processo de paz, na década de 1990, uma "loira" palestina conquistou fãs em Israel e nos países árabes. Era saboreada em bares de Ramallah e Tel Aviv, e virou tema de bate-papo entre os ex-inimigos do Oriente Médio. Seu sabor caiu bem no gosto local e sua fama foi propagada pelo planeta por meio de matérias no *New York Times*, no *Der Spiegel* e na CNN. Saía fresquinha da Cisjordânia e em uma hora já estava sendo oferecida no centro de Israel.

Parecia que o sonho da Taybeh Beer, a única cerveja produzida nos territórios palestinos, duraria para sempre. Mas aí veio a Nova Intifada e tudo azedou. O produto passou a ser boicotado pelo consumidor israelense, a exportação estancou com o cerco militar nas cidades da Cisjordânia, e a produção acabou despencando em 85%. As máquinas da cervejaria pararam e hoje só entram em funcionamento quando chega alguma encomenda.

A fábrica fica em Taybeh, um sonolento vilarejo cristão no coração da Cisjordânia. Nos bons tempos, a viagem entre Jerusalém e Taybeh, que fiz para conhecer esse notável empreendimento, levava no máximo trinta minutos. Mas em tempos de intifada, nunca se sabe. O primeiro percalço é o posto de controle do exército israelense chamado Kalandya, o maior da Cisjordânia. Milhares de palestinos tentam atravessá-lo todos os dias, mas a sorte deles depende dos acontecimentos do dia ou simplesmente do humor do soldado de plantão.

Os militares que checam os documentos ficam atrás de blocos de concreto, para se protegerem de alguma explosão. Quando suspeitam de alguém, exigem que abra toda a camisa a distância, para verificarem se não carrega um cinturão-bomba. Todos são checados, inclusive as mulheres, que passam pela revista de soldadas. Quem vem de Jerusalém de carro, tem de estacioná-lo num terreno baldio e atravessar o posto Kalandya a pé.

Kalandya marca o início da chamada "região A", onde a Autoridade Palestina recebeu total controle sobre a população árabe pelos acordos de paz de Oslo. Mas com a confusão criada pela Nova Intifada, essa região virou terra de ninguém. Nenhum policial organiza o trânsito caótico, não há ônibus para servir à população e as estradas estão esburacadas. Os motoristas esperam pacientemente o congestionamento aliviar, enquanto a 10 metros de distância alguns garotos palestinos preparam pedras para lançar contra um jipe do exército israelense. Ninguém parece dar muita atenção para uma cena que já virou rotina em Kalandya.

Um pequeno batalhão de taxistas palestinos espera os recém-chegados de Jerusalém do outro lado do posto de controle. Quem quer chegar a Taybeh precisa passar ainda por um segundo posto de controle israelense. Novamente o carro é deixado para trás, atravessa-se o bloqueio a pé, sob os olhares desconfiados dos soldados. Do outro lado, motoristas de lotações palestinas disputam a gritos os passageiros que desejam continuar viagem pela Cisjordânia.

No vilarejo, aguardava-me o empresário Nadim Khoury, 43 anos, o idealizador da Taybeh Beer. Sua idéia de produzir uma cerveja 100% palestina surgiu quando morava nos Estados Unidos com a esposa e quatro filhos. Engenheiro, ele tinha terminado recentemente um curso de especialização na Universidade da Califórnia sobre fabricação de cervejas. Mas assim como centenas de outros palestinos vivendo na diáspora, Khoury também se estusiasmou com a assinatura dos acordos de paz de Oslo e resolveu voltar para casa.

— Resolvi fazer como os judeus e retornar para a minha terra — diz.

Um ano depois, em 1994, Khoury construiu a cervejaria Taybeh. Naquele tempo, a relação com os israelenses era tão boa que rabinos da colônia judaica vizinha, chamada Ofra, vinham inspecionar a empresa para dar ao produto o certificado de *kasher* (próprio para o consumo de judeus religiosos) — uma etapa importante para a penetração da bebida no mercado israelense. Numa cena impensável hoje em dia, vários colonos judeus costumavam visitar o vilarejo palestino para saborear uma "gelada" na própria "fonte".

Hoje, além do sumiço dos visitantes judeus, também os bares israelenses cortaram todos os pedidos do produto. Os poucos estabelecimentos de Israel ainda interessados na cerveja palestina pedem para Khoury retirar o rótulo "Taybeh Beer" de seus tonéis de chope, para não afugentar os consumidores. Os caminhões, que transportavam a cerveja até Ramallah em 15 minutos, hoje podem demorar 24 horas. As exportações para Jordânia e Alemanha foram esquecidas.

A violência, porém, não é a única pedra no caminho da Taybeh Beer. A maioria dos palestinos é muçulmana e não consome álcool. Khoury está proibido de vender seu produto em várias cidades da região, como Hebron, Jenin, Nablus e Tul-Karem. Em diversas localidades de Gaza, seu produto nem entra. Para deixar a vida do empresário ainda mais difícil, a Autoridade Palestina faz vigorar uma antiga lei jordaniana que proíbe qualquer publicidade de álcool.

Todas essas dificuldades, porém, não deprimem o empresário. Ele se considera realizado quando vê a população palestina preferindo consumir sua cerveja, e não a similar israelense.

— A população está se conscientizando que deve apoiar seu próprio país — comenta.

Khoury não pensa em voltar aos Estados Unidos, como fizeram nos últimos anos centenas de palestinos. Sua filha mais velha está nos EUA estudando administração, mas ele quer vê-la de volta e especializada em produção de cervejas.

— Quero fazer algo pelo meu país. Nunca fecharei meu negócio aqui, tenho cerveja no sangue.

Ele diz ter "altas esperanças" na ressurreição da paz na região e espera um dia voltar a cativar a clientela israelense com sua bebida. Hoje ele trabalha com apenas quatro funcionários na fábrica, mas diz estar preparado para contratar dezenas de outros empregados se voltarem os pedidos.

— Para nós, empresários palestinos, Israel é um mercado local. É próximo e não temos dor de cabeça com papelada de exportação. Queremos viver lado a lado com nossos vizinhos. Tenho esperança de que um dia eles voltarão a beber minha cerveja.

O FECHADO MUNDO DOS DIAMANTES, ONDE NEM A INTIFADA ENTRA

Entrar na Bolsa de Diamantes de Israel, a maior do gênero no mundo, é uma experiência à parte. Esse complexo de quatro arranha-céus interligados por pontes internas é um dos lugares mais protegidos de um país já superprotegido. Se qualquer uma das 15 mil pessoas que circulam por ali diariamente não fizer seu registro de saída, no final do expediente estará sendo caçada por um exército de seguranças. Tal proteção não é paranóia: o fechado mundo dos diamantes israelenses vive uma rotina separada do país e por isso foi um dos poucos setores da economia que continuaram crescendo, mesmo no auge da Nova Intifada.

O coração da Bolsa de Diamantes é um imenso salão onde centenas de comerciantes israelenses fecham negócios entre si e com visitantes estrangeiros. O teto é envidraçado e foi construído num ângulo ideal, que permite a entrada de luz natural perfeita para os negociantes examinarem a qualidade das jóias. Metade dos diamantes vendidos em joalherias do mundo todo passa primeiro pelas mãos desses israelenses.

A Bolsa foi construída para ninguém precisar sair na rua e se arriscar a ser roubado ou virar vítima de atentados. Ali dentro existem bancos, agências de viagem, alfândega, cabeleireiro, academia de ginástica, restaurantes e até uma sinagoga. Todos os 1.200 escritórios com sede na Bolsa são iniciativas privadas, e o governo de Israel não tem nenhum tostão de participação — nem mesmo é bem-vindo.

O mais impressionante da Bolsa é o seu "sistema judicial", criado para resolver todas as disputas internas e não envolver tribunais "de fora". O discretíssimo "sistema" funciona em três níveis. Se houver desentendimento entre dois negociantes, num primeiro nível, dois outros colegas são chamados para tentar resolver a disputa. Se não houver acordo, no nível seguinte são chamados outros três colegas. Se mesmo assim persistir o conflito, o caso vai para a "suprema corte", formada por dois diretores da Bolsa. Teoricamente, um comerciante pode não aceitar a decisão da "suprema corte" e levar o caso para tribunais israelenses comuns ou até para a imprensa. Nesse caso, ele é simplesmente expulso da Bolsa. Até a Justiça israelense reconhece esse "sistema judicial" e evita interferir em suas decisões.

Em pleno "pregão" da Bolsa, aproximei-me com a câmera fotográfica de um curioso quadro de avisos no centro do salão. Imediatamente o segurança correu para me afastar do painel e me impedir de retratá-lo. Pude ver apenas de longe as fotografias dos comerciantes que romperam o código de honra da Bolsa e foram excomungados da corporação. Entrar para esse quadro apelidado de *psak-din* (veredito, em hebraico) é colocar um ponto final na carreira.

— Quando há desentendimentos, resolvemos as coisas sozinhos. Não deixamos advogados entrarem aqui — diz Benzion Fouzailoff, um dos maiores negociantes de diamantes de Israel.

Seu belo escritório com vista para Tel Aviv é também uma pequena fortaleza. Apesar da pesada segurança em toda a Bolsa, as empresas instaladas no complexo têm seus próprios guardas e portas maciças. Ao lado da sala de Fouzailoff fica um laboratório onde especialistas examinam cuidadosamente peças brutas de diamante no valor de centenas de milhares de dólares.

Os negócios de Fouzailoff estão espalhados pelo mundo, mas ele não fala inglês. Basta o hebraico para se entender com outros negociantes. O comércio mundial de diamantes é tipicamente judaico há vários séculos, desde a Idade Média, quando os judeus foram proibidos de comprar terras na Europa e eram freqüentemente expulsos de seus países. Ganhar a vida com um objeto fácil de carregar os transformou em violinistas, mercadores de roupa, financistas — e joalheiros.

A presença maciça de judeus também fez com que a confiança mútua se transformasse na peça mais importante desse mercado. Não existem contratos ou qualquer outro documento escrito nas transações. Diamantes no valor de centenas de milhares de dólares são enviados de país para país sem nota fiscal ou qualquer outro documento oficial. Nesse ramo marcadamente familiar, tudo fica por conta do "fio do bigode".

Tais características do mundo dos diamantes foram fundamentais para resistir ao choque econômico da Nova Intifada. Comparado com outras guerras que essas famílias de comerciantes já enfrentaram nos últimos séculos, o confronto com os palestinos não assusta. Desde a Guerra do Golfo, em 1991, quando Sadam Hussein lançou mais de trinta mísseis Scud contra Israel, os negociadores de diamantes já haviam começado a abrir escritórios no exterior e transferir parte de seus estoques para os EUA, Japão e Hong Kong.

A violência da Nova Intifada afugentou 40% dos compradores estrangeiros que costumavam fechar negócios na Bolsa. Mas, escolados por esse tipo de situação de emergência, os comerciantes reagiram rápido: eles mesmos foram visitar os clientes em seus países de origem.

— Nossa vantagem é que somos mais flexíveis que outros setores da economia. Lidamos com um produto que tem o valor de um Hotel Hilton, mas que pode ser transportado no bolso, diz Efraim Raviv, diretor do Instituto do Diamante de Israel.

O governo israelense, feliz da vida com os resultados econômicos dos diamantes, procura se intrometer quanto menos possível. As autoridades até instalaram uma alfândega dentro da própria Bolsa para diminuir a burocracia na exportação das jóias. O governo também faz vista grossa diante do enorme fluxo de moeda estrangeira que circula por ali.

Mas que ninguém pense que os israelenses andam enfeitados de jóias nas ruas de Tel Aviv ou Jerusalém. O consumidor local, de cinto apertado desde o início do conflito, não tem dinheiro para artigos de luxo. Quase nada que a indústria de diamantes produz em Israel é comercializado localmente — praticamente todo o diamante bruto que entra no país sai em forma de jóias lapidadas, destinadas à exportação.

PREPARANDO-SE PARA A GUERRA QUÍMICA, EM NOME DE CRISTO

Há 30 anos, um pequeno grupo de protestantes alemães procurou o governo israelense oferecendo equipamentos de proteção contra um apocalipse químico na Terra Santa. Descreveram às autoridades um cenário catastrófico, com foguetes monstruosos, carregados de ogivas não-convencionais, explodindo no país. Foram imediatamente tratados como malucos e classificados como mais um entre as dezenas de exóticos grupos fundamentalistas que vivem em Israel. Rejeitado, o grupo chamado Beth-El (Casa de Deus, em hebraico) isolou-se numa pequena cidade da Galiléia e passou anos absorvido em estudos da Bíblia e de manuais técnicos sobre a guerra química.

A sorte da comunidade protestante começou a mudar apenas em janeiro de 1991, quando tropas internacionais lideradas pelos Estados Unidos invadiram o Iraque para forçar Sadam Hussein a desocupar o Kuait. Como reação, o ditador iraquiano lançou contra Israel mísseis Scud, que teoricamente poderiam carregar agentes químicos mortais. O Estado judeu ficou paralisado de medo e o governo então se lembrou da "profecia" dos esquisitos alemães. Mandaram chamá-los e eles se transformaram da noite para o dia em prioridade nacional número 1. Na posição privilegiada de únicos fabricantes de equipamentos contra a guerra química em Israel, viraram milionários e queridos em todo o país.

Durante a Nova Intifada, em março de 2003, tropas norte-americanas e inglesas voltaram a atacar o Iraque, dessa vez para finalmente acabar com o reinado de Sadam Hussein. Bom para a comunidade cristã Beth-El, que faturou mais alguns milhões de dólares de israelenses aflitos. O milionário empreendimento dos fundamentalistas ganhou ainda uma "mãozinha" do governo, que baixou uma lei obrigando toda casa ou apartamento novo a ter um quarto especialmente desenhado para enfrentar um ataque de armas não-convencionais.

A comunidade Beth-El surgiu há mais de 50 anos, em Stutgart, na Alemanha. Uma fervorosa cristã chamada Emma Berger se recuperou de uma grave doença e, interpretando o fato como um chamado de Deus, resolveu liderar um punhado de seguidores rumo à Terra Santa. Eles acreditam que o fim do mundo está próximo, Jesus Cristo retornará em breve e o judeus são um povo escolhido que deve ser protegido de todas as maneiras possíveis — mesmo que isso envolva construir toda uma indústria contra a guerra química em Israel.

— Não somos fanáticos, apenas cremos no que está escrito na Bíblia — afirma o engenheiro autodidata Samuel Koeger.

Koeger, 33 anos, nunca estudou em nenhuma faculdade israelense nem tem contato com instituições de ensino na Alemanha. O fato de ele e seus companheiros conseguirem fabricar equipamentos de alta tecnologia parece um verdadeiro milagre. Ninguém da comunidade jamais freqüentou uma universidade e toda a técnica foi desenvolvida na escola que eles mesmos mantêm.

— Pode parecer engraçado, mas, quando temos algum problema técnico durante o trabalho, paramos tudo e rezamos para Deus nos ajudar. E dá certo — garante Koeger.

As executivas que administram a moderna fábrica de 9 mil metros quadrados dificilmente seriam contratadas por outras indústrias. Elas nunca cortam o cabelo ou andam de calça, preferindo saias simples de camponesas e sandálias com meias. Dizem seguir o preceito bíblico de que as pessoas não devem se vestir como o sexo oposto.

A comunidade Beth-El vive sob a inspiração dos primeiros grupos cristãos, no tempo de Jesus Cristo. Eles distribuem entre si os lucros de maneira igualitária e plantam a maior parte dos alimentos que consomem. Ao lado dos equipamentos de alta tecnologia, a comunidade também vende — com sucesso — pães que eles mesmos produzem.

Curiosamente, demorou para eles ouvirem falar do atentado contra o World Trade Center, em setembro de 2001, que afinal de contas fez explodir as vendas da empresa. Isso porque ninguém da comunidade vê TV, ouve rádio ou lê jornais. As únicas leituras permitidas entre seus membros são a Bíblia e os livros de engenharia. Eles só ficaram sabendo dos atentados um dia depois, por intermédio de funcionários israelenses que trabalham na fábrica.

Hoje eles são cerca de 200 pessoas em Israel, alguns já representando a terceira geração no país. A fábrica, onde a língua corrente é o alemão, tornou-se uma importante fonte de emprego para a população israelense local. Mas a desconfiança em relação a esses alemães não cessou totalmente. Nenhum deles tem direito à cidadania e vivem com vistos de turistas ou residentes temporários. O governo também proíbe a permanência no país do restante da comunidade — cerca de 700 pessoas que vivem na Alemanha, Holanda e Canadá. A forte ideologia religiosa do grupo, porém, não permite que a situação crie ressentimentos.

— Seria bem mais fácil e agradável morar na Alemanha, mas é uma alegria para nós estarmos aqui. Precisamos amar o povo judeu — explica o gerente de vendas Yoachim Blind, um alemão de 38 anos.

A galinha dos ovos de ouro da fábrica é um equipamento que pode ser instalado em qualquer quarto de concreto e hermeticamente selado. Deve ser acionado após um ataque químico ou nuclear e promete filtrar o ar externo envenenado, fornecendo ar puro para as pessoas abrigadas durante várias semanas.

A fama da empresa atravessou fronteiras e os pedidos agora chegam também da Europa e dos Estados Unidos. Mas o ideal da comunidade é tão forte que apenas o excesso de produção é exportado. A prioridade continua sendo atender, em primeiro lugar, à demanda na Terra Santa.

— Não queremos enriquecer. O mais importante é nossa fé — diz o alemão Blind.

8

Pensando a guerra

Os intelectuais se engajam na luta política

É comum em tempos de crise os intelectuais — escritores, cineastas, músicos, acadêmicos — deixarem de lado a arte pura para se envolver a fundo na política. Foi assim na época nazista com o dramaturgo Bertolt Brecht, na África do Sul do apartheid com a escritora Nadine Gordimer, e também na época da ditadura brasileira com Chico Buarque de Holanda. Também durante a Nova Intifada acontece o mesmo fenômeno.

Os escritores israelenses já se acostumaram a ser procurados pela mídia para falar mais de política do que de literatura. Vários deles lançaram livros em que o único assunto é o conflito com os palestinos. Um deles, o escritor A. B. Yehoshua, que tem vários livros traduzidos no Brasil, foi peça-chave no movimento a favor da construção do muro entre Israel e os palestinos. Em longos artigos na imprensa, ele defendeu a separação dos dois povos como uma maneira de diminuir os atritos e se chegar a um acordo de paz no futuro.

No lado palestino, o intelectual Sari Nusseibeh roubou a cena ao lançar um plano de paz em plena Nova Intifada, junto com um ex-chefe do serviço secreto israelense. Reitor da Universidade Al-Quds em Jerusalém e formado em Harvard, Nusseibeh provocou um terre-

moto ao dizer que os refugiados palestinos devem desistir do sonho de um dia se estabelecer em Israel.

Leia neste capítulo: um encontro no deserto com o mais famoso escritor de Israel, o ex-combatente e hoje pacifista Amos Oz; uma entrevista com o cineasta árabe Mohammad Bakri, diretor do censurado Jenin, Jenin; *uma conversa com o professor Yuri Pines, tradutor de* A arte da guerra, *que aplica as lições deste clássico chinês para a Nova Intifada; uma conversa com Amos Gitai, o mais importante cineasta israelense; a luta dos historiadores "pós-sionistas" para derrubar os mitos do Estado judeu; e uma visita ao escritório de Yossi Lemel, o publicitário que quer tirar o Oriente Médio da apatia.*

MANCANDO, TAL COMO A PAZ

Boa parte do território israelense é ocupada pelo deserto, chamado de Negev. Sua paisagem desolada é descrita na Bíblia várias vezes como um lugar inóspito, onde santos e renegados buscavam refúgio. Três mil anos depois, foi a vez de os pacifistas de Israel caminharem para o deserto, depois de terem acompanhado as negociações com os palestinos desmoronarem. Marginalizados e malvistos pelo restante da população, os pacifistas organizaram uma "tenda da paz" no Negev, na encruzilhada de duas estradas semi-esquecidas.

O objetivo da "tenda" foi juntar os cacos do pacifismo e trocar idéias sobre como conter a violência entre israelenses e palestinos. Mas a iniciativa atraiu pouca gente — alguns professores universitários, uns beduínos e um punhado de crianças dos dois povos, que não se importaram em brincar juntas.

A sonolência só foi rompida com a chegada do escritor Amos Oz, o mais famoso intelectual de Israel. Como sempre acontece aonde quer que vá, ele chegou cercado de jornalistas, fotógrafos e admiradores. Caminhava devagar, com o auxílio de uma bengala, por causa de um problema ortopédico.

— Estou mancando, assim como a paz está mancando — disse.

Pegou o microfone no intuito de falar para o pequeno público, mas foi interrompido diversas vezes por um problema no gerador de eletricidade. Disse que ainda acredita num final feliz para o Oriente Médio, com Israel vizinho de um Estado palestino e os dois povos compartilhando a cidade de Jerusalém.

De repente, o precário gerador não agüentou mais e explodiu. Formou-se uma grande bola de fogo, que foi controlada rapidamente.

— É um bom símbolo de toda a situação — sussurrou um dos presentes.

Oz, 61 anos, avô de quatro crianças, foi um combatente antes de aderir ao pacifismo. Dentro de um tanque, participou da conquista do deserto egípcio Sinai, na Guerra dos Seis Dias. Em 1973, fez parte das operações militares nas Colinas do Golã que repeliram a invasão síria, na Guerra do Yom Kipur. Cumpriu tão bem seu papel que foi promovido a subtenente.

Seu envolvimento com a política aconteceu de maneira surpreendente, quando ainda era um simples soldado. Após ler no jornal um artigo sobre o filósofo Spinoza, escrito pelo primeiro-ministro David Ben-Gurion, Oz escreveu uma carta criticando a matéria. Para sua surpresa, o jornal não só publicou a carta como Ben-Gurion o convidou em seguida para uma longa conversa.

Anos depois, Oz participou da fundação do maior movimento pacifista de Israel, o Paz Agora.

— Estou convencido de que a vasta maioria em Israel está pronta a aceitar uma solução de paz baseada em dois Estados. Por outro lado, essa mesma população não está pronta a aceitar o terrorismo palestino ou tentativas islâmicas de destruir o país. Essa é a posição da maioria e eu faço parte dela, disse o escritor durante nossa conversa.

Oz diz entender a luta dos palestinos por liberdade, mesmo quando optam por meios violentos. Mas não concorda com certos excessos.

— Acho que os palestinos estão lutando em duas guerras ao mesmo tempo. Uma é sua guerra de independência, que eu respeito. A outra é uma guerra religiosa islâmica para destruir os judeus, que eu considero um crime. A diferença está em saber onde querem a Palestina. Se desejam um Estado árabe na Cisjordânia e em Gaza ou se o querem no lugar de Israel. Até hoje, os palestinos não deram uma resposta honesta a essa questão.

O escritor se envolveu de maneira tão profunda nas questões políticas que certa vez o político israelense Shimon Peres sugeriu que ele concorresse ao cargo de primeiro-ministro. Oz recusou o convite, sem pensar muito.

Seus romances também fazem sucesso pelo mundo afora, inclusive no Brasil, onde boa parte já foi traduzida (como *Meu Michel* e *A caixa preta*). Viraram inclusive filmes e peças de teatro.

Ele mora numa cidadezinha em pleno deserto, chamada Arad. Não deixa de ser curioso um escritor de fama internacional viver em um lugar onde as opções culturais se concentram no cinema de um *shopping center* provinciano e numa pracinha onde matam o tempo imigrantes pobres da Etiópia e ex-União Soviética.

Vivendo sua própria rotina, ele conta que acorda cedo, toma café e passeia por quase uma hora no deserto, pela manhã. Depois volta para casa, senta e começa a escrever. Quando explodiu a Nova Intifada, interrompeu sua rotina.

— Estava trabalhando num romance, mas agora parei. Tudo o que faço nesses dias, de manhã até depois da meia-noite, é falar com pessoas e tentar reduzir o fogo. Quando tudo se acalmar, voltarei a escrever. Sou, antes de mais nada, um contador de histórias.

ENTRE DOIS MUNDOS

O ator e cineasta Mohammad Bakri, 50 anos, confessa que não gosta de política. Mas, como um árabe nascido em Israel — ou "palestino de cidadania israelense", como ele prefere se autodefinir —, nunca conseguiu escapar dos assuntos políticos. O principal papel de sua carreira foi no filme *Hanna K.*, do diretor grego Costa-Gavras, e no qual interpretou um refugiado palestino. Durante a Nova Intifada, ele mergulhou ainda mais fundo no conflito da região, filmando o polêmico documentário *Jenin, Jenin*, que acabou censurado pelas autoridades israelenses.

Bakri vive na própria pele as contradições de sua dupla lealdade. Nascido num vilarejo árabe da Galiléia, estudou Cinema na Universidade de Tel Aviv. Na aparência, ele se assemelha ao típico israelense boêmio cinquentão — cabelos grisalhos, pele curtida pelo sol, usa sandálias, calça despojada e camiseta básica. Mas também é um chefe de família árabe, pai de seis filhos.

— Pessoas como eu vivem uma situação bem delicada. Nosso povo luta contra nosso Estado e nosso Estado humilha nosso povo. Somos palestinos, mas também vivemos aqui, somos cidadãos de Israel; devemos proteger este lugar. Estamos no meio de uma grande luta entre os dois lados.

Seu filme *Jenin, Jenin* trata da controvertida operação do exército israelense no campo de refugiados dessa cidade palestina. Em abril de 2002, após um atentado violento em Israel, tropas invadiram o campo e travaram uma encarniçada batalha em suas vielas. Os palestinos falam até hoje que houve um massacre de grandes proporções, mas fontes independentes pintaram um quadro mais conservador: teriam morrido 53 civis e militantes árabes e 23 soldados israelenses.

Numa das cenas mais fortes do filme, uma menina moradora de Jenin chama os soldados israelenses de "ratos" e revela o desejo de se vingar do primeiro-ministro Ariel Sharon, torturando-o. Um médico entrevistado por Bakri diz ter certeza de que soldados mataram prisioneiros indefesos, argumentando que "eles (os judeus) também mataram profetas".

O que mais irritou seus críticos foi o fato de Bakri não ter entrevistado nenhum israelense para saber o outro lado da história.

Um grupo de soldados que participaram da batalha iniciou um processo judicial contra o cineasta, por retratá-los no filme como criminosos de guerra.

Para complicar ainda mais a situação do diretor, dois parentes seus, de mesmo sobrenome, foram condenados à prisão perpétua por terem auxiliado um terrorista suicida palestino na Nova Intifada. Ibrahim e Yassin Bakri, ambos de 21 anos, foram acusados de transportar o terrorista até um ponto de ônibus na Galiléia, onde ele explodiu um coletivo matando nove pessoas.

— Odeio terroristas suicidas, acho que fazem algo muito ruim para meu povo e para o povo israelense. Não há justificativa para esse tipo de ataque — diz Mohammad Bakri.

Sua complicada posição não o impediu de estrear durante a Nova Intifada uma nova peça de teatro, num dos principais centros culturais de Israel. Ele interpreta um poeta judeu numa história de amor.

— Me sinto muito confortável neste papel — afirma.

Parte do público, porém, reagiu negativamente à sua presença e enviou mensagens de reclamação ao diretor do teatro. Figura popular no país, Bakri agora também é alvo de xingamentos nas ruas e recebe cartas com ameaças.

Jenin, Jenin foi exibido em festivais de cinema pelo mundo afora, mas quase ninguém se interessou em comprar os direitos para exibi-lo comercialmente. O diretor acha que isso tem a ver com o Holocausto e a má consciência ocidental em relação aos judeus.

— O mundo cristão é muito sensível em relação a Israel. Acho que isso está ligado à paranóia do Holocausto. Eles precisam mesmo ser paranóicos; ninguém fez nada para evitar o massacre do povo judeu durante a Segunda Guerra Mundial e agora são muito cuidadosos. Mas meu filme não é contra o Estado judeu, é contra a ocupação.

Bastante articulado, Bakri representa uma população normalmente silenciosa: os mais de 1 milhão de árabes cidadãos de Israel.

Eles constituem 18% da população do país e reclamam de discriminação. Partidos de extrema direita querem expulsá-los do país.

Bakri, porém, diz que sua comunidade é pacífica e que já fizeram paz com a idéia de viver como minoria no Estado judeu.

— Há muito tempo cedemos neste ponto — diz o cineasta.

Agora ele está ocupado num novo projeto: fazer um filme sobre as dificuldades que enfrentou para vencer a censura sobre *Jenin, Jenin* (o documentário foi finalmente liberado para exibição pela Suprema Corte israelense em agosto de 2004). Será mais um trabalho político desse artista, que confessa não gostar de política.

— Sempre sonhei ser uma estrela de cinema e não escolhi tratar de política. Mas, de repente, me encontrei lutando, encurralado num canto, sem outra alternativa.

A ARTE DA INTIFADA

Desde que foi escrito, há 2.500 anos e atribuído ao general Sun Tzu, o clássico da sabedoria chinesa *A arte da guerra* já foi aplicado nas mais diferentes situações. Tornou-se livro de cabeceira de gerações de militares asiáticos, incluindo o revolucionário Mao Tsé-Tung no século XX. Há também indícios de que o livro foi usado por Napoleão Bonaparte e pelos generais nazistas. Mais recentemente, suas sábias estratégias se tornaram leitura obrigatória de executivos e empresários ao redor do planeta, envolvidos na batalha diária do mundo dos negócios. Durante a Nova Intifada, foi a vez de um professor de Jerusalém trazer os conselhos de Sun Tzu para o Oriente Médio.

Yuri Pines, israelense com doutorado na Universidade de Nankai, na China, é um enamorado da cultura oriental: seu escritório é todo decorado com quadros de ideogramas e ele se curva respeitosamente quando cumprimenta um visitante — algo inusitado no Oriente Médio. Pines é o responsável pela tradução de

A arte da guerra para o hebraico, numa edição publicada no auge da violência da Nova Intifada. Ele acredita que Sun Tzu tem ótimos conselhos a dar, tanto para palestinos quanto para israelenses.

A grande sacada de Sun Tzu, acredita o professor, foi aconselhar que conflitos armados deveriam ser travados apenas em último caso. O general chinês recomendou, sempre que possível, optar por meios não-violentos para resolver discórdias. "Se não for no interesse do Estado, não faça guerra; se não estiver em perigo, não lute", escreveu o sábio. Mas, para o professor, os dois inimigos do Oriente Médio já deixaram de lado há muito tempo tal tipo de racionalidade.

— Aqui o conflito é regido pelo espírito de revanche cega e pela retaliação, como se fossem duas grandes famílias em conflito — explica Pines.

A arte da guerra é considerado o primeiro tratado de estratégia militar da história da humanidade. A obra chegou ao Ocidente trazida por um missionário cristão, pouco antes da Revolução Francesa. Por coincidência, alguns anos mais tarde, o oficial prussiano e veterano das guerras napoleônicas Carl von Clausewitz escreveria o livro *Sobre a guerra*, que, ao lado da obra chinesa, formaria a dupla clássica da estratégia militar de todos os tempos.

Se o sábio general Sun Tzu ressuscitasse hoje no Oriente Médio, ficaria horrorizado, teoriza Pines. Uma das mais importantes lições de Sun Tzu, ignorada na Nova Intifada, foi notar que os soldados normalmente não querem guerrear. Daí o chinês ter aconselhado a nunca colocar o inimigo numa situação de desespero, em que não resta a ele outra alternativa a não ser lutar. "Quando cercar o inimigo, abra um caminho para que ele possa escapar e não o pressione. Não impeça que ele retorne para casa", escreveu.

Para Pines, essa observação explica muito do que acontece na Nova Intifada. Quando o exército israelense invade cidades ou campos de refugiados, os palestinos, embora em desvantagem militar, sem ter para onde fugir, lutam desesperadamente e chegam a obter vitórias. Pines também acredita que os palestinos ganhariam essa guerra se ouvissem os conselhos de Sun Tzu e atacassem os israelenses apenas nos territórios ocupados, forçando-os a "retornar para casa". No entanto, quando terroristas atacam bares e ônibus em Tel Aviv, a mesma sensação desesperada de "não ter para onde fugir" acomete os israelenses, tornando-os mais resistentes.

— Sun Tzu diria que a estratégia de Israel é estúpida, mas também notaria que o planejamento árabe não é muito mais brilhante.

Apesar de ter dedicado muito tempo de estudo ao *A arte da guerra*, Pines mesmo é um antimilitarista. Ex-membro do Partido Comunista israelense, com 38 anos de idade, já amargou seis meses de prisão por ter se recusado a servir no exército na Cisjordânia e em Gaza. Hoje é membro ativo de uma organização pacifista que leva alimentos a cidades palestinas sitiadas no conflito.

O autor do clássico livro também não era um militarista radical. Segundo o professor, Sun Tzu estava inserido na tradição chinesa de sua época, em que o ideal humano era o sábio, não o guerreiro.

— Não há palavra chinesa para "honra militar" — ressalta Pines.

No Oriente Médio, também não existe uma tradição de honra militar como havia, por exemplo, entre os aristocratas europeus. Mas ainda assim sobrevive um grande respeito pela farda. Em Israel, os jovens são educados desde cedo para o serviço militar e um brilhante desempenho no exército é garantia de bom emprego e até de bom casamento. Também entre os palestinos a atividade militar impressiona; basta lembrar que Yasser Arafat não deixou seu uniforme até a morte.

O longo tempo que já perdura o conflito israelense-palestino contradiz o conselho de Sun Tzu: "Não se conhece uma operação de guerra sábia que tenha sido longa". Tamanha longevidade é atribuída por Pines à falta de conhecimento do "outro", um fenômeno presente em ambos os lados do conflito. "Conheça seu inimigo e conheça a si mesmo", recomendou Sun Tzu, mas não é assim que acontece no Oriente Médio.

— As sociedades israelense e palestina são muito complexas e é preciso uma boa dose de inteligência para entender seus problemas. Mas as mídias locais estereotipam muito o outro lado. Num dia, o inimigo é chamado de parceiro; no outro, é descrito como um animal feroz.

CINEMA NÃO É HAMBÚRGUER

Amos Gitai, 51 anos, é o mais importante cineasta de Israel. Ele sabe disso e, temperamental, não dá moleza a jornalistas. Na minha primeira tentativa de entrevistá-lo, ele marcou o encontro em Tel Aviv, logo após uma palestra sua. Depois de ouvi-lo falar, fui convidado para o jantar. Foi só no final da noite que ele me disse: "Não estou mais com vontade de conversar". Marcamos para alguns dias depois — claro, após a exibição de seu novo filme *Kippur* e um longo debate com um grupo de estudantes.

Kippur, lançado durante a Nova Intifada, é baseado em experiências pessoais de Gitai durante a Guerra de 1973. Quando o conflito estourou, ele estava cursando a faculdade de arquitetura e foi convocado para servir nas Colinas do Golã, território sírio ocupado por Israel. Sua missão era sobrevoar a região de helicóptero para recolher feridos, até que o aparelho em que estava foi abatido e ele quase morreu.

Gitai começou a se envolver com o cinema logo após o acidente e ganhou fama com o filme *Kadosh*, que trata da opressão de mulheres entre os ultra-ortodoxos judeus de Jerusalém. Ele é um cineasta eclético: já filmou desde o conflito israelense-palestino até a pobreza no Terceiro Mundo e uma turnê do grupo de rock Eurythmics pelo Japão.

No início dos anos 80, seu documentário *House*, que focaliza uma residência de refugiados palestinos em Israel habitada por judeus, foi censurado no país. Em seguida, seu filme *Field diary*, rodado durante a Guerra do Líbano, acabou sendo recebido com hostilidade. Foi a gota d'água para Gitai resolver se mudar para Paris, cidade em que morou por uma década. Hoje, ele vive novamente em Israel, onde participa ativamente da cena cultural do país.

Seus filmes da década de 1980 tiveram problemas com a censura militar. Como Kippur *foi recebido agora, em plena Nova Intifada?*

GITAI — O país mudou. A História não pára e hoje há mais abertura na sociedade israelense. Atualmente, aceitam-se obras que nos anos 80 seriam impossíveis de serem produzidas. Realmente, naquela época meus filmes foram muito mal recebidos.

A impressão que se tem ao ler os jornais culturais de Israel é que a política invade esse espaço. Na Europa ou no Brasil, caderno cultural é espaço para cinema, teatro ou TV. Já em Israel, é comum se deparar ali com mais um artigo sobre política.

GITAI — É bem correto o que você fala. Este é um país onde, para o bem ou para o mal, o coletivo ainda é um assunto quente. No restante do mundo, a individualidade é bem maior, os artistas produzem em seu canto. De certo modo, Israel é arcaico nesse sentido e acontece aqui o que acontecia nas décadas de 1920 e 30 em outros lugares. Ainda existe entre nós essa preocupação com a existência coletiva.

Isso é bom para um cineasta?

GITAI — Acho que é positivo. Arte não pode ser só consumismo, não é hambúrguer do MacDonald's. Não é coincidência que grandes escritores e pintores apareceram em ambientes bem carregados. Ninguém pensa a pintura do século XX sem *Guernica* de Picasso, inspirado no bombardeio nazista contra a Espanha. Foi por isso que decidi voltar a Israel após viver alguns anos em Paris. Aqui, há um contexto carregado e minha responsabilidade como cineasta é ajudar a interpretar essa realidade tão complicada.

Você vê então um papel para o cinema no Oriente Médio de hoje?

GITAI — O papel do cinema é mostrar uma realidade complexa e combater o bombardeio das mídias que vendem tudo em forma de cápsulas. Acho que o Oriente Médio está cansado de simplificação, por meio da qual um dia os anjos são os israelenses e, no outro, os palestinos. Nesta região há a maior concentração de câmeras do planeta, todas as grandes organizações de comunicação estão aqui presentes. Mas, ironicamente, isto é uma grande telenovela, com um novo capítulo a cada dia. Os povos daqui não deveriam aceitar que fossem tratados como figurantes de uma história escrita de forma preconcebida em Paris, Washington ou São Paulo.

O que o cinema pode fazer para quebrar esse arranjo?

GITAI — O cinema deve retratar a realidade de maneira subversiva e não aceitar versões esquematizadas e simplificadas. Deve mostrar compaixão, dizer que tanto israelenses quanto palestinos são seres humanos, com contradições. Nunca deveríamos aceitar a caricatura estereotipada do outro, mesmo nos dias mais amargos deste conflito. Se o cinema conseguir fazer isso, estará dando um grande passo na marcha rumo a uma forma de reconciliação entre os povos da região.

Foi para evitar esta simplificação que você não retratou nenhum árabe em Kippur?

GITAI — Minha experiência na Guerra de 1973 não foi de combate. Atuei numa equipe de salvamento, que sempre agia fosse no ápice dos bombardeios ou logo após. Filmei somente o que vi: morte, assassinatos, destruição.

Houve alguma reação por parte de cineastas árabes em relação a Kippur?

GITAI — Meu filme foi recebido com entusiasmo no Festival de Cannes e uma das reações mais simpáticas foi a do grande cineasta egípcio Youssef Chahine. Ele me procurou, cumprimentou-me e disse: "Amos, tanto nós quanto os sírios nos vimos numa situação muito similar àquela que você retratou no filme".

A BATALHA PELA HISTÓRIA

Uma outra guerra acontece em Israel e desta vez não há tiros nem bombas. Trata-se de uma batalha de idéias — mas não por isso menos encarniçada — pelo coração e pela mente dos cidadãos do país. De um lado do campo de batalha está uma nova geração de historiadores, chamados de "pós-sionistas", que pretendem rever velhos mitos e reescrever a história do país. Do outro, conservadores ligados ao partido Likud, que consideram esses novos historiadores uma das mais perigosas armas já apontadas contra o Estado judeu.

Os pós-sionistas ganharam bastante espaço durante o processo de paz, na década de 1990. Para eles, Israel não estava mais ameaçado de destruição e chegara o momento de ser mais crítico quanto à ideologia do país, o sionismo. Era a hora de tratar de questões-tabu e revelar ao público informações antes consideradas secretas.

Foram os historiadores pós-sionistas que, pela primeira vez, assumiram em público que o Estado judeu teve parcela de responsabilidade importante na criação dos refugiados palestinos. Outros provaram que nem sempre governos israelenses fizeram de tudo para evitar guerras.

O historiador pós-sionista Danny Yacobi, 36 anos, resolveu editar um livro didático para estudantes de 15 anos, sem imaginar a grande polêmica que criaria. Funcionário do Ministério da Educação, ele já havia elaborado alguns livros escolares, sem nenhum tipo de problema. Mas com sua nova obra, *Olam Shel Tmurot* (Mundo em Mudança, em português), ele foi mais longe. Pela primeira vez em Israel, um livro didático abordou a questão dos refugiados palestinos e ainda reconheceu a responsabilidade do país.

Sobre os refugiados, o livro afirma: "Durante a Guerra de 1948, muitos palestinos abandonaram suas casas e se tornaram refugiados. As causas foram diversas e variaram de lugar para lugar. Em alguns casos, os palestinos quiseram se distanciar das regiões em guerra ou recearam que haveria massacres contra civis. Mas houve também casos em que as forças judaicas colocaram em prática ações de expulsão".

Para surpresa de Yacobi, o jornal *The New York Times* elogiou seu livro, numa matéria de primeira página, como símbolo de uma necessária mudança de mentalidades no Oriente Médio. Mas a essa altura, em plena Nova Intifada, o país já vivia um retorno ao conservadorismo, com a chegada do primeiro-ministro Ariel Sharon ao poder, em fevereiro de 2001. Para os conservadores, o novo conflito veio provar que uma boa educação ideológica sionista ainda é fundamental para enfrentar os desafios.

A nova ministra da Educação, a mão-de-ferro Limor Livnat, declarou uma verdadeira cruzada contra o livro de Yacobi. A política o acusou de querer minar a educação da juventude em época de guerra. Ela se irritou com o fato de o livro não trazer nenhuma foto do fundador do Estado de Israel, David Ben Gurion, enquanto mostra o ditador nazista Adolf Hitler seis vezes. A gota d'agua foi a obra deixar de lado um tradicional mapa que mostra a invasão do país por exércitos árabes em 1948 e preferir uma ilustração sobre o destino dos refugiados palestinos.

A Sociedade de História de Israel teve de intervir para defender a obra e acusar os políticos de tentarem instaurar um macarthismo no país (referência ao senador Joseph McCarthy, que criou um clima de histeria e perseguição nos anos 50 nos EUA, sob o pretexto de combater o comunismo). A ministra, porém, avisou que só vai parar quando o livro for totalmente banido das escolas.

Encontrei Yacobi em Jerusalém, um pouco assustado com toda a polêmica. Ele ainda não sabia se levava o caso para a Justiça, caso o governo realmente viesse a censurar seu livro. Pior de tudo, diz ele, é o fato de um político pretender banir um livro, pela primeira vez na história de Israel.

Por que você decidiu quebrar o tabu e abordar a questão dos refugiados palestinos em um livro didático?

YACOBI — Penso que as escolas não devem ser ilhas isoladas na sociedade. Se a mídia, a cultura e a sociedade mudam, as escolas devem acompanhar e não ficar para trás. Já que tudo mudou na atitude dos israelenses em relação aos palestinos durante os anos 90, achei que essa mudança também deveria afetar os livros escolares.

Você acha que seu livro foi tão criticado por quê?

YACOBI — Meus opositores dizem que existem uns poucos intelectuais em Israel que começaram a se desviar do sionismo e tentam mudar a natureza judaica do país. Afirmam que essas pessoas estão ficando tão poderosas que já passaram a influenciar o governo. Para provar sua tese, atacam em especial meu livro, pois foi editado pelo Ministério da Educação.

Esta situação é perigosa?

YACOBI — Pela primeira vez na história de Israel, um político, a ministra da Educação, decide banir um livro. Muita gente está protestando na mídia e não sei se os professores obedecerão a uma ordem dessas. É uma pena que algo desse gênero esteja acontecendo. O que virá depois? Farão uma lista de todos os professores que usam o livro? Tudo isso é um perigo para uma sociedade democrática.

Os estudantes israelenses ainda devem receber uma forte carga de ideologia nas escolas?

YACOBI — É importante que a escola ligue e relacione o indivíduo à sua sociedade, mas valores universais também são importantes. Se não ensinarmos aos jovens as mesmas coisas que eles podem ler nos jornais e escondermos deles certas informações, perderão a confiança na escola.

Há também uma polêmica envolvendo os livros didáticos de história palestinos, obras que, afirmam alguns críticos, não estimulam a paz.

YACOBI — Eu não acho que, se os palestinos não fazem mudanças, deveríamos segui-los. Temos de nos guiar por nosso próprio caminho e nossos valores, e não nos comparar a eles.

CARNE CRUA

O publicitário israelense Yossi Lemel tem alguns clientes importantes, mas, quando eles o visitam em seu escritório, costumam ficar chocados. Na parede de sua sala, bem ao lado de sua escrivaninha, está exposto um enorme pôster com uma mensagem provocativa: duas mãos se apertam, como num cumprimento, mas estão cortadas do braço e é possível ver sangue, ossos e nervos expostos. Uma das mãos é a do próprio Lemel e a obra se chama *Israel Palestina 2004*.

— As pessoas dizem que o pôster é nojento, mas acho a mensagem importante. Mostra que os dois lados do conflito não querem realmente resolver o problema.

Lemel, 47 anos, é considerado um dos mais importantes artistas gráficos do país e seu talento já foi reconhecido mundialmente. Seus trabalhos estão expostos no Louvre de Paris e no Museu Victoria and Albert, em Londres. Ganhou o primeiro prêmio em mostras de arte na Coréia, no México e Canadá e livros com seus trabalhos já foram editados na Turquia e China.

A técnica de Lemel é relativamente simples. Ele combina elementos do cotidiano de maneira ousada, surpreendendo o espectador. Como num pôster que ele espalhou por diversas cidades de Israel, mostrando um soldado abraçado a um guerrilheiro palestino do Hamas.

— É uma obra sarcástica e cínica. É para causar mesmo desconforto nas pessoas, quero que elas reajam. O pior inimigo é sempre a indiferença.

Para realizar outra obra chocante, Lemel foi até um açougue, comprou dois pedaços de carne crua e pediu para costurarem os dois nacos com uma corda. A obra se chama *Fronteira israelense-palestina*.

— Quis mostrar que as culturas árabe e judaica são muito similares, como partes do mesmo corpo. Mas ao mesmo tempo estão totalmente separadas.

Sua postura provocativa já lhe rendeu alguns problemas. Ele faz questão de espalhar seus trabalhos por sua agência de publicidade, o que causou atrito com antigos sócios. Eles não gostaram de ver seus clientes se deparando com obras políticas altamente explosivas.

Também o público israelense reage muitas vezes negativamente aos seus trabalhos. Um de seus mais recentes pôsteres, intitulado *Israel 2005*, mostra pequenos soldados de plástico azuis num fundo branco (as cores do país), formando uma estrela-de-davi (o símbolo do judaísmo). Justamente no dia da nossa entrevista, Lemel havia almoçado num restaurante e oferecera o pôster ao dono, que se recusou a exibi-lo.

— Nesta obra quis mostrar o círculo vicioso da violência que existe neste país desde sua fundação. Vejo coisas boas em Israel, mas a doença da guerra também está sempre aqui, afetando a vida das pessoas, fazendo-as mais agressivas.

A consciência política de Lemel surgiu na Guerra do Líbano, em 1982, quando atuou como soldado e viu vários amigos morrerem. O publicitário diz que a produção dos pôsteres é necessidade pessoal, para expressar sua visão sobre o que acontece em seu país. Chama a isso de "paixão" e "obsessão".

Apesar de toda sua fama, os pôsteres políticos não lhe rendem quase nenhum dinheiro. Raramente um deles é vendido, mas Lemel continua produzindo-os, 5 ou 6 por ano, entre uma campanha publicitária e outra.

No momento, ele trabalha num pôster sobre o muro que o governo israelense construiu para separar o país dos palestinos. Lemel não apóia a obra e quer transmitir o cárater "humilhante e antinatural" do empreendimento aos seus concidadãos. Para isso, ele produz um pôster com um muro imaginário cortando a cidade de Tel Aviv ao meio.

O publicitário não sabe ao certo como suas obras são recebidas pelos palestinos. Desde o início da Nova Intifada, nunca mais conversou com um deles. Mas ele teve uma idéia sobre como o "inimigo" reage ao seu trabalho por meio de artistas libaneses e iranianos, que ele encontrou em exibições no exterior. Segundo esses contatos, em seus países de origem — que estão tecnicamente em guerra com Israel — os pôsteres de Lemel são entusiasticamente estudados nas escolas de arte.

Lemel também desenvolve trabalhos além do conflito israelense-palestino, como os pôsteres que produziu para a Anistia Internacional. Também criou uma campanha a favor da utilização de preservativo para prevenção da Aids. Para seu espanto, uma multinacional de preservativos copiou sua idéia — uma camisinha na forma de bóia salva-vidas — e Lemel iniciou um processo judicial contra a empresa, que ainda está correndo.

Outro campo espinhoso em que ele se envolveu é a delicada relação entre judeus ortodoxos e seculares em Israel. Lemel afirma ser contra os empecilhos que os ortodoxos criam para pessoas interessadas em se converter ao judaísmo. Pensando nisso, bolou a obra *Quem é judeu*, na qual desenhou um triângulo sobre os pêlos pubianos de uma mulher, formando uma estrela-de-davi.

— Foi o trabalho que mais mexeu com as pessoas. Quis protestar contra toda espécie de preconceito, uma doença encontrada em todas as partes do mundo, inclusive dentro de mim mesmo, e que precisamos matá-la todas as manhãs.

Outro trabalho de impacto foi sobre o Holocausto, exibido no Museu de Hamburgo, na Alemanha. Até hoje ele se arrepia quando relembra do evento. Lemel criou um imenso pôster, no qual se vê a ampliação do número de prisioneiro tatuado no braço de seu pai, um sobrevivente do campo de concentração de Auschwitz. Ele conta que visitantes alemães choraram ao ver a obra.

Apesar de suas intervenções políticas, Lemel nunca se filiou a um partido político. Diz que não se interessa pelas soluções apresentadas por agremiações oficiais e que continuará fazendo seu trabalho de maneira solitária.

— Minha mensagem é de raiva, frustração e, às vezes, desespero. No fundo, sou um subversivo.

9

A PRÓXIMA GUERRA?

A tensão que cerca os árabes cidadãos de Israel

MESMO SE UM DIA ISRAEL *assinar um acordo de paz com os palestinos, ainda faltará ser resolvida outra questão não menos vital: o destino dos árabes cidadãos do país. Durante a Guerra de 1948, inúmeros árabes que viviam na Palestina fugiram ou foram expulsos dos territórios que se transformariam no Estado de Israel, tornando-se refugiados. Mas muitos deles decidiram ficar, receberam cidadania e hoje representam 18% da população ou 1 em cada 6 israelenses.*

Israel nunca "engoliu" direito essa minoria, que em sua grande parte é muçulmana. Durante quase 20 anos, o Estado judeu impôs sobre eles um rígido controle militar, proibindo sua livre circulação pelo país. Depois, deixou-os livres, mas a desconfiança não cessa. O establishment *israelense teme que, num momento crítico de guerra com países vizinhos, a minoria árabe possa trair o país. Ou, por intermédio de seus representantes no Parlamento, alterar o caráter judaico da nação.*

Tais medos foram alimentados no início da Nova Intifada, quando milhares de árabes fizeram violentos protestos em Israel, ao mesmo tempo que os palestinos se revoltavam na Cisjordânia e em Gaza. Como resultado, 12 deles foram mortos pela polícia. Durante o atual conflito, um pequeno número de árabes-israelenses também praticou atos terroristas contra civis judeus e auxiliou militantes do Hamas a explodir ônibus e restaurantes de seu próprio país.

Os judeus reagiram de modo silencioso, mas duro. Ouvi de vários deles que pararam de contratar empregados árabes para suas empresas e de freqüentar seus restaurantes. A relação entre as duas comunidades esfriou. Numa visita a Nazaré, a maior cidade árabe de Israel, um jovem muçulmano me disse que preferia cruzar a fronteira e passar o fim de semana na Jordânia a viajar uma hora e se divertir na praia de Tel Aviv. "Tem pessoas que não gostam de ouvir gente falando árabe", justifica.

Esse clima hostil só fez piorar uma situação nada agradável para a minoria árabe. Dispensados de prestar serviço militar num país onde a carreira no exército é fundamental para conseguir um bom emprego, eles ficam à margem da sociedade israelense. Ocupam apenas 4% dos cargos públicos, a metade da comunidade vive na pobreza e a mortalidade infantil é o dobro da registrada entre os judeus.

As cidades árabes são os únicos lugares em Israel onde se vêem esgotos a céu aberto e ruas esburacadas. Em Nazaré, não existem cinema nem piscina, ao contrário da vizinha Alta Nazaré, habitada em sua maioria por judeus, onde há duas piscinas e um grande shopping center.

Por outro lado, a minoria árabe-israelense cresce a uma taxa bem maior que a dos judeus e, daqui a alguns anos, eles já representarão mais de um quarto da população. O quadro iminente provoca inquietação, principalmente na extrema direita israelense, que defende a "transferência" — a expulsão da minoria árabe para os territórios palestinos ou outros países. Se algum dia ocorrer uma ação desse tipo, além do problema moral, também provocaria uma forte reação no mundo árabe e, provavelmente, uma nova guerra no Oriente Médio.

Leia neste capítulo a entrevista com um médico brasileiro que imigrou para Israel e fundou um partido de direita cuja meta é retirar os direitos de cidadania dos árabes; uma entrevista com Azmi Bishara, o deputado árabe mais popular do país e defensor ferrenho de sua comunidade; uma reportagem no Dia da Terra, quando a "minoria silenciosa" sai às ruas e faz Israel tremer; entenda a tensão crescente na cidade israelense Lod, onde colonos constroem um condomínio no coração do bairro árabe; e acompanhe um encontro com o polêmico demógrafo Arnon Sofer.

BRASILEIRO, MÉDICO, POLÍTICO RADICAL

O médico brasileiro André Waismann desenvolveu em Israel um método revolucionário para tratar viciados em drogas pesadas. Ele se tornou famoso no mundo inteiro, é recebido por chefes de Estado e, nos Estados Unidos, pacientes pagam até 32 mil dólares por seu tratamento. Então por que ele resolveu deixar a medicina de lado para se dedicar de corpo e alma à fundação de um novo partido de direita em Israel? Por que o médico brasileiro quer retirar a cidadania de todos os árabes que vivem no país e tratá-los apenas como "convidados" no Estado judeu?

O consultório de Waismann fica em frente à praia de Herzlia, um dos lugares mais sofisticados de Israel. Mal sentamos para conversar, ele me mostra um vídeo sobre sua impressionante carreira médica. De novo imigrante que chegou recém-formado a Israel, Waismann se transformou num médico de fama mundial. Seu trabalho foi notícia nos jornais *USA Today* e *Los Angeles Times* e ele também é dono de um instituto que leva seu nome em Beverly Hills, na Califórnia. Segundo seus cálculos, mais de 8 mil dependentes de drogas de 30 países já foram tratados com seu método inovador.

A técnica desenvolvida por ele chama a atenção por sua rapidez: toda a internação do viciado dura pouco mais de um dia. O paciente é adormecido e a equipe médica o induz a uma crise de abstinência, que é imediatamente controlada. Durante os 12 meses seguintes, o paciente é medicado e, segundo Waismann, a dependência de drogas como a heroína é eliminada por completo.

Mas o médico brasileiro quer agora tratar de outro doente, que ele acredita estar em estado quase terminal: o Estado de Israel. Waismann compara a situação atual do país com a de um paciente com apenas 1% de probabilidade de sobrevivência.

— Numa situação hospitalar dessas, a obrigação do médico é concentrar 100% de suas forças. Percebi que mesmo veteranos que lutaram em guerras hoje investem apenas no exterior e mandam seus filhos para estudar fora, desejando que continuem por lá. Quando vi que meus filhos começam a não ter mais futuro em Israel, decidi colocar 100% de minhas forças neste projeto político.

Em janeiro de 2004, Waismann organizou uma coletiva de imprensa, acompanhado do político de extrema direita Baruch Marzel, para anunciar a criação de um novo partido. Marzel é um ex-líder do Kach, o movimento político fundado pelo rabino extremista Meir Kahane e que defendia a expulsão dos árabes de Israel. O Kach acabou sendo banido pela Justiça israelense, acusado de racismo, e Kahane foi assassinado em Nova York por um árabe.

O novo partido fundado por Waismann chama-se Hail, abreviatura de Hazit Yehudit Leumit (Frente Judaica Nacional, em português). Perguntei a ele se o nome não soava desagradável, lembrando o partido Frente Nacional, do xenófobo francês Jean-Marie Le Pen.

— Pode ser que o nome soe radical, mas precisamos de radicalismo quando vivemos em tempos como estes. Radical de verdade é vermos crianças palestinas com cinturões de explosivos e minha esposa ter de tomar um valium cada vez que meu filho vai a um *shopping center*, diz o médico.

Waismann nasceu no Leblon, no Rio de Janeiro, em 1958. Seu pai, Emanuel, foi deputado pelo MDB. A educação na casa dos Waismann privilegiava o esporte (o médico foi campeão brasileiro de natação) e o sionismo. O pai costumava convocar os sete filhos uma vez por semana para comentar os acontecimentos em Israel.

— Na Guerra do Yom Kipur, quando eu tinha 14 anos, eu e meu irmão fomos colocados num avião por meu pai e despachados para Israel. Trabalhamos como voluntários num *kibutz* (fazenda socialista) para substituir os israelenses que estavam nos campos de batalha.

Na juventude, enquanto estudava na Faculdade de Medicina de Teresópolis, Waismann era um simpatizante das idéias esquerdistas. Em plena ditadura militar, chegou a ilustrar livros de poesia contra o governo e fez trabalho de base em favelas do Rio de Janeiro. Entretanto, uma semana depois de se formar, resolveu imigrar para Israel.

— No Brasil, me sentia apenas uma gota num imenso mar, enquanto aqui me parecia um país nascendo. Senti que lutando por Israel eu estaria lutando por todos os injustiçados do mundo.

Com 24 anos, já em Israel, conseguiu um emprego de cirurgião. Estava ainda se adaptando ao novo país quando estourou a Guerra do Líbano, em 1982. Alistou-se em uma unidade de elite do exército e participou durante dois anos de combates contra a guerrilha. Acabou o serviço como oficial destacado e foi condecorado por Ytzhak Rabin.

Voltou à medicina, mas, com a explosão da Primeira Intifada, recebeu um pedido do governo para que ingressasse numa unidade de elite da polícia israelense. Waismann aceitou e durante quatro anos participou de operações perigosas nos territórios palestinos, dando suporte médico em situações críticas. Após realizar uma cirurgia num colega ferido sob fogo cruzado, em Gaza, recebeu uma condecoração — o troféu em forma de revólver, que hoje ele exibe em sua estante.

Sua receita para resolver o conflito com os palestinos é relativamente "simples": a Jordânia é a Palestina. Israel deveria pressionar para haver democracia no país árabe vizinho, onde a maioria da população é formada por descendentes de palestinos. Com eleições livres, a Jordânia se transformaria imediatamente num lar nacional dos palestinos.

— Assim eles poderiam finalmente ter seu próprio Estado — afirma.

Ele diz ser contrário à expulsão dos árabes que vivem em Israel — uma idéia cultivada pela extrema direita do país —, por razões morais. Mas, quando a conversa chega na questão do voto, o médico é intransigente.

— Em Israel, os árabes são como convidados, não podem ser cidadãos. Não podemos permitir outra aspiração nacionalista além do sionismo. Quem quiser ser patriota árabe que vá para a Jordânia.

Os planos de Waismann para seu partido Hail são grandiosos. Nas próximas eleições para o Parlamento, ele quer eleger 30 deputados (de um total de 120).

— Não quero ser apenas mais um membro do Knesset, quero poder efetivo para sentar no governo e decidir.

Caso a ascensão não aconteça, ele promete dissolver seu partido logo após as eleições e voltar a exercer apenas a medicina. Mas, nesse caso, diz esperar pelo pior.

— Um dia, acontecerá aqui um mega-atentado que matará 100 mil pessoas, ou então uma bomba atômica explodirá nos Estados Unidos. Aí então as pessoas irão acordar — diz o médico.

CIDADÃO REBELDE

Em 1976, quando seis árabes cidadãos de Israel foram mortos pela polícia durante um protesto contra confisco de terras, o então líder estudantil Azmi Bishara participou do comitê que transformou o incidente no Dia da Terra, uma data lembrada todos os anos pela minoria árabe-israelense. Durante a Nova Intifada, o mesmo Bishara, agora deputado do Knesset, foi um dos líderes do 25º aniversário do Dia da Terra.

Com 44 anos, ele é o mais popular deputado árabe do país. Fundou e lidera o partido Balad, que, se chegasse ao poder, acabaria com o caráter judaico de Israel e o transformaria num Estado "com igualdade para todos os cidadãos" — como afirma em seu *site* na internet.

O deputado é também visto como um intelectual. Ele é autor de vários livros sobre Ciência Política e foi chefe do departamento de Filosofia da Universidade Bir-Zeit, na Cisjordânia, antes de se dedicar à política. Nas eleições israelenses de 1999, surpreendeu a todos lançando sua candidatura a primeiro-ministro. Segundo ele, sua idéia foi chamar a atenção para a desigualdade socioeconômica vivida pelos árabes no país.

Durante a Nova Intifada, Bishara também se declarou em greve de fome contra o muro que o governo israelense construiu na Cisjordânia. Além disso, fez um explosivo discurso na Síria, elogiando a guerrilha libanesa Hezbollah, que tem como objetivo eliminar Israel. De volta ao seu país, sofreu um processo por causa da atitude.

Seu escritório em Nazaré, a maior cidade árabe de Israel, é decorado com bandeiras palestinas e vários retratos de Gamal Abdul Nasser, o líder egípcio que lutou contra os israelenses na década de 1960.

O que os árabes de Israel reivindicam neste 25º aniversário do Dia da Terra?

AZMI BISHARA — Enfatizaremos a questão palestina. Não podemos ignorar o que está acontecendo hoje na Cisjordânia e em Gaza, especialmente o cerco às cidades e as punições coletivas. Claro, também reivindicaremos direitos iguais para os árabes no país. Não podemos deixar que aconteçam regressos em nossos direitos. Igualdade para nós não é uma exigência, mas sim um compromisso. Israel foi uma imposição, não queríamos ser cidadãos israelenses; então o que dizemos é "você pegou nosso país, então pelo menos nos dê direitos iguais". Acho que é um bom negócio para eles.

O senhor luta pelo fim do caráter judaico de Israel e por um Estado laico para todos os cidadãos. Como vê o fato de legisladores palestinos terem apresentado o esboço de constituição em que o Islã aparece como religião oficial de um futuro Estado na Cisjordânia e em Gaza?

BISHARA — Não acredito que essa idéia seja aceita pela liderança palestina e eu não apóio isso. Quando digo que Israel deveria ser um Estado laico, estou defendendo que todos os países da região também devessem pertencer a seus cidadãos. Pessoas como eu no mundo árabe também deveriam estar enfatizando a idéia de democracia.

A liderança israelense sempre temeu que, caso o país fosse atacado, a minoria árabe ajudaria o inimigo. Os violentos protestos dos árabes-israelenses, no início da Nova Intifada, não aumentaram esse medo?

BISHARA — A população judaica tem realmente este temor e é possível que agora tenha aumentado. Entendo tal medo, mas não concordo com ele. Eles precisam entender que tínhamos de expressar nossa solidariedade aos palestinos da Cisjordânia e de Gaza naquele momento.

O senhor afirmou certa vez que os palestinos foram vítimas especiais do Holocausto.

BISHARA — Sim, eles foram a segunda maior vítima. O Holocausto fez de Israel uma realidade e quanto mais anti-semitismo houver no mundo, mais judeus virão para cá e mais forte ficará o sionismo.

Intelectuais palestinos assinaram, durante a Nova Intifada, um protesto inédito contra a realização, no Líbano, de uma conferência revisionista[1] *sobre o Holocausto. Qual sua posição a esse respeito?*

BISHARA — Antes de qualquer outro intelectual eu já havia defendido que os árabes têm de mostrar compreensão quanto ao sofrimento dos judeus na Europa nazista. Precisamos aceitar o fato de que o Holocausto faz parte da memória coletiva dos judeus em

1. Os revisionistas do Holocausto afirmam que o número de judeus mortos pelos nazistas foi bem menor que 6 milhões. Alguns revisionistas chegam até mesmo a negar que houve o massacre.

todas as partes do mundo. O anti-semitismo não é inimigo apenas de uma minoria, mas também de toda a humanidade.

Como é fazer parte da minoria cristã no interior de outra minoria (árabe) do Estado judeu?

BISHARA — Todo homem moderno, que se julga realmente um indivíduo e tem uma opinião, fará sempre parte de alguma minoria, seja no Rio de Janeiro ou em Tel Aviv. No mundo moderno, todos temos diferentes identidades e sempre uma delas nos colocará numa minoria. Não tenho problemas quanto a isso.

UM DIA DA TERRA

Eles circulam pelas ruas das cidades israelenses discretamente, evitando ser diferenciados do restante da população. Os grandes jornais não falam deles, seus vilarejos são evitados pelos judeus e também os turistas os ignoram. Mas os árabes de Israel — ou "palestinos de cidadania israelense", como preferem ser chamados — não fugiram do país e representam 1 em cada 6 israelenses.

Todo dia 30 de março, eles rompem seu habitual silêncio e saem às ruas de seus vilarejos, principalmente na Galiléia, mostrando suas caras. Semelhante a uma represa que acumula água demais e, de repente, abre suas comportas, fazendo bastante barulho. É o chamado Dia da Terra, que eles mesmos instituíram para lembrar eventos que ocorreram nessa mesma data em 1976. O governo israelense daquela época lançou um projeto de desenvolvimento que incluía a desapropriação de terras árabes na Galiléia e a violência explodiu. Seis árabes-israelenses foram mortos, sendo um do vilarejo de Arabeh.

É justamente lá que o Dia da Terra foi comemorado em 2004. Uma entidade que promove o diálogo entre judeus e árabes me convidou para observar a manifestação e, logo de manhã, embarquei no ônibus fretado em Tel Aviv. Poucos judeus se animaram a participar do evento — é o que comentavam à boca pequena no ônibus. A baixa adesão talvez fosse porque era uma terça-feira, dia de trabalho, ou talvez mesmo por falta de interesse. Ou ainda por causa por medo: uma semana antes, o xeque Ahmed Yassin, cabeça do Hamas, tinha sido liquidado pela força aérea israelense.

O ônibus partiu rumo ao norte, porém no meio do caminho nos desviamos da estrada principal e entramos no vilarejo árabe-israelense Kfar Qassem. Ali a arquitetura é no estilo oriental, diferente das cidades de maioria judia. As ruas não são muito cuidadas e até uma bandeira palestina foi pintada em certa parede. Os anúncios nos *outdoors* são em árabe e os habitantes sentam em cafés como nos países muçulmanos do Oriente Médio.

Nesse vilarejo de 15 mil habitantes, aconteceu um dos piores episódios da história do conflito árabe-israelense. Em 1956, num momento de especial tensão entre Israel e Egito, o exército judeu impôs toque de recolher em Kfar Qassem. Mas, ao entardecer, trabalhadores do vilarejo voltaram para suas casas, sem saber das restrições; o resultado foi um massacre: 49 árabes-israelenses mortos, muitos deles mulheres e crianças, todos inocentes.

O ônibus passa pelo monumento a essas vítimas, na praça central do vilarejo, e pára algumas dezenas de metros adiante. Cerca de vinte garotas árabes sobem no coletivo, para também participar do Dia da Terra. Ao meu lado, a garota árabe puxa conversa com uma conhecida judia. Ouço ela contar que organiza encontros em Kfar Qassem para promover o diálogo árabe-israelense. Seu nome é Haya Sarsour, muçulmana, solteira, 25 anos. Nasceu em Kfar Qassem e estudou na Universidade Hebraica de Jerusalém, formando-se como assistente social.

Haya é veterana dos protestos do Dia da Terra. Não perde um. Elenca alguns motivos: as mesmas demolições de casas que acontecem nos territórios palestinos também acontecem em seu vilarejo, dentro de Israel.

— No ano passado, a polícia destruiu 18 casas, alegando a falta de permissão para estarem construídas ali. Isso não sai nos jornais israelenses.

Ela também reclama de desapropriação de terras em Kfar Qassem. Sua própria família perdeu propriedades em 1948, na Guerra da Independência. Toda a área industrial da vizinha cidade judaica Rosh Haayn, segundo ela, foi construída em terras que pertenciam aos habitantes do seu vilarejo.

Enquanto conversamos, o ônibus atravessa o lindo Vale de Yzrael, no começo da Galiléia, com seus campos arados a perder de vista. Uma amiga de Haya, garota negra que veste o xale muçulmano, interrompe nossa conversa para mostrar um lindo vale, ainda inundado pelas últimas chuvas do inverno. Tanto judeus quanto árabes do ônibus admiram a bela paisagem, demonstrando o mesmo amor por essa terra.

Haya se considera uma "palestina cidadã de Israel" e diz não ter nenhum problema com os judeus.

— Entendo o problema de segurança de Israel e compreendo quando os judeus dizem que precisam de um lugar seguro no mundo. Só não entendo a exclusão, quando o Estado nos olha como inimigos.

Chegamos finalmente a Arabeh. O comércio está fechado, como em todos os demais vilarejos e cidades árabes do país, para marcar o Dia da Terra. A rua começa a se agitar. Primeiro, vêm as crianças enroladas em bandeiras palestinas. Depois, carros com alto-falantes e, finalmente, a multidão.

As principais facções árabes estão presentes: comunistas, seculares e islâmicos. Dois rapazes, mascarados com o xale palestino, empunharam uma bandeira da FPLP (Frente Popular para a Libertaçao da Palestina), facção radical considerada terrorista por Israel. Alguns judeus também participam da marcha e se identificam como rebeldes do exército, que se recusam a servir nos territórios palestinos.

Converso com Masroud, 38 anos, militante do movimento islâmico de Israel. Seus principais líderes estão presos, acusados de incitação à violência e de ligação com palestinos radicais. Masroud usa um boné verde, símbolo do movimento que gostaria de ver todos os países do Oriente Médio governados pela lei islâmica. Carrega uma bandeira em que está escrito: "Não há deus além de Alá e Maomé é seu profeta".

Ele também se considera um "palestino cidadão de Israel" e não vê nenhuma contradição nisso.

— É o mesmo que acontece com os judeus em outros países. Há judeus de cidadania iraquiana e alemã — enumera.

Masroud reclama da falta de direitos iguais, mas acha que a situação é conseqüência do conflito de Israel com os palestinos.

— Por causa da discórdia, o Estado não nos respeita e se relaciona com a gente com temor, como se quiséssemos acabar com o país. Mas isso não é verdade.

Uma das curiosidades deste Dia da Terra foi ver a quantidade de comunistas e dezenas de bandeiras vermelhas. Mais curioso foi constatar a multidão de jovens vestindo camisetas com o retrato de Che Guevara. Um deles, Morad, 24 anos, comandava os demais falando palavras de ordem em árabe pelo megafone. "Palestina Livre", gritava.

Morad me informa que no vilarejo Arabeh existe um movimento juvenil "guevarista", com cerca de 400 membros, mas dois de seus líderes estão presos desde fevereiro. Pergunto o que pretendem e ele responde:

— Somos a favor de um Estado único, secular, para árabes e judeus, sem sionismo.

Apesar da tensão no ar, nenhum incidente grave aconteceu durante o Dia da Terra. Quando tudo acabou, a aglomeração se dissipou e as bandeiras palestinas sumiram. Do ônibus, vejo os árabes-israelenses voltando a seus vilarejos, dispersos, novamente silenciosos, como acontece durante quase todos os dias do ano.

MORAR EM ISRAEL É VIVER NUMA COLÔNIA

Quando se fala em colonos israelenses, a primeira imagem que vem à mente são famílias judias ultranacionalistas que resolveram morar nos territórios palestinos, ao lado de cidades como Ramallah e Jenin, bem longe dos grandes centros urbanos de Israel. Pouca gente esperaria encontrá-los em Lod, uma cidade distante apenas 15 minutos de Tel Aviv e bem ao lado do aeroporto Ben-Gurion, o principal do país.

Mas foi exatamente em Lod que eles resolveram lançar um novo projeto habitacional, com a intenção de atrair quase 500 famílias de judeus religiosos e ultranacionalistas. Por que exatamente em Lod?

— Os árabes conquistaram esta cidade. Se mais judeus não vierem morar aqui, em breve teremos ao nosso lado o aeroporto da Palestina — diz Yossi Druk, 37 anos.

Lod é uma antiga cidade da Terra Santa, mencionada várias vezes na Bíblia. Era para fazer parte do Estado árabe visualizado pelo Plano de Partilha da ONU de 1947, mas com a guerra que se seguiu foi conquistada pelos israelenses. Hoje, moram ali 75 mil pessoas, incluindo 25% de árabes.

A cidade é conhecida como problemática: quem pode sair dela sai. A prefeitura está endividada e o abastecimento de água é cortado diariamente. Numa região dali chamada Bairro do Trem, o tráfico de drogas rola solto. A situação chegou até o ponto de a polícia instalar barreiras que funcionam 24 horas para controlar a população.

No bairro árabe, convivem antigos moradores com palestinos que colaboraram com o exército israelense delatando companheiros e acabaram se refugiando na cidade. Muitas famílias árabes não têm permissão para construir suas casas e acabam vendo-as serem demolidas por escavadeiras mecânicas, o que só faz aumentar a frustração e a tensão.

Foi no coração do bairro árabe, no fim de 2004, que os religiosos nacionalistas lançaram o condomínio Eliashiv, que em português significa "Deus trará de volta". A apresentação pública do projeto foi uma grande festa, atraindo algumas centenas de simpatizantes do movimento. O aparelho de som tocava músicas a todo volume; uma delas saudava "Elon Moreh e Itamar", colônias judaicas da Cisjordânia.

O discurso do prefeito de Lod mostrou que as autoridades estavam afinadas com o novo projeto: "Vocês são a qualidade desta cidade", "Nossos interesses são os mesmos", "Não vamos perder Lod", "Todo terreno disponível daremos a vocês" — proferiu o oficial. Num canto, alheios aos discursos, alguns meninos judeus brincavam na terra seca. Quando dois pequenos árabes tentaram se aproximar, não foram aceitos entre eles.

O corretor de imóveis Erez Shoham estava ocupadíssimo, apresentando o projeto para famílias interessadas. O primeiro bloco de apartamentos estará pronto só dentro de dois anos, mas mais da metade já estava vendida.

Perguntei a ele o que fala a famílias árabes que, sem saber exatamente do que se trata, ficam interessadas em adquirir um dos apartamentos.

— Digo a eles que só aceitamos moradores que tenham prestado serviço militar, que colocam suas crianças em escolas religiosas judaicas e que observam o *shabat* (dia do descanso obrigatório dos judeus religiosos).

O apelo da "luta por Lod" já atraiu nacionalistas de todas as partes de Israel. E também colonos da Cisjordânia. Yehuda Altshuler, 34 anos, 5 filhos, já morou em Efrata, colônia perto de Belém, mas resolveu se mudar com a família para Lod.

— A motivação é a mesma — ele alega.

Altshuler acha que o esforço para povoar territórios com judeus, e assim contrabalançar a presença de árabes, não se resume a Cisjordânia e Gaza. A mesma aplicação deve acontecer dentro de Israel, principalmente nas cidades mistas, onde convivem as duas comunidades.

— Precisamos de judeus de todo o mundo também em Jerusalém, Acre, Jaffa e Haifa. Atualmente, morar em qualquer lugar de Israel é o mesmo que viver numa colônia.

Jamal El-Basser não foi convidado para a festa dos ultranacionalistas. Árabe, ele mora com a família colado ao terreno onde será erguido o condomínio. Em frente à sua casa, abriu um minimercado. Quando perguntei sobre seus novos vizinhos, sua primeira reação foi conciliatória.

— Ouvi dizer que construirão edifícios. Já encontrei alguns deles, parecem ser gente boa.

El-Basser me serviu um copo de água gelada, conversamos mais um pouco e ele então resolveu se abrir e falar mais.

— Alguns deles já vieram aqui e mencionaram nossa saída. Eu até saio, se me indenizarem. Mas, quando se fala em igualdade neste país, que igualdade é esta?

Enquanto conversamos, entrou no minimercado Maha El Nakib, 33 anos, mãe de 3 filhos. Ela se apresenta como uma "palestina moradora de Lod". Diz que, na cidade, judeus e árabes mal se falam e nem existe escola mista para servir às duas comunidades: tudo é separado.

Maha vê no novo condomínio um símbolo do "pânico dos judeus de que pegaremos a pátria deles". Ela acharia melhor que viessem para a cidade pessoas de mente aberta, prontas para o diálogo e a convivência. Por isso, lamenta a chegada dos novos vizinhos.

— São gente com espírito de guerra e mentalidade de inimigo — avalia.

PROFETA DO CAOS

As idéias do professor Arnon Sofer, 65 anos, causam reações radicalmente diferentes em Israel. Para seus admiradores, que lhe deram o apelido de "o profeta da Universidade de Haifa", ele traz uma seriíssima mensagem para a sobrevivência dos judeus no Oriente Médio. Para seus críticos, Sofer é um conservador perigoso que beira a xenofobia. Sua especialidade é um dos temas mais delicados do país: o crescimento populacional de árabes e judeus.

Durante a Nova Intifada, ele compareceu a *talk-shows* na TV, debates públicos e programas de rádio. Sua mensagem é de que a presença majoritária de judeus no país estará ameaçada num futuro não muito longínquo, e medidas concretas precisam ser tomadas de imediato, para evitar o "desastre".

— Este é um assunto quentíssimo e está ficando cada vez mais grave à medida que passam os anos — adverte.

Encontrei Sofer num hotel de Tel Aviv, onde foi convidado a fazer uma palestra para a elite do exército israelense. Além de lecionar na Universidade de Haifa, ele é também o mais antigo professor da academia militar do país e todos os grandes generais dos últimos 25 anos passaram por suas salas de aula.

Enquanto conversávamos, abriu mapas gigantes de Israel rabiscados por ele, os mesmos mapas que há alguns dias ele mostrara para o primeiro-ministro Ariel Sharon e que, no dia seguinte, levaria para o embaixador dos Estados Unidos no país.

No topo das preocupações de Sofer está a diferença de crescimento demográfico entre as populações judaica e muçulmana em Israel. Enquanto os judeus crescem 1% ao ano, os muçulmanos aumentam 3,5%. Isso demonstra que, daqui a 20 anos os judeus, que hoje representam 73% da população total, diminuirão sua presença no país para 68%.

Pouco antes da explosão da Nova Intifada, quando Israel e palestinos ainda tinham esperança de um acordo de paz iminente, Sofer provocou uma polêmica que dominou as manchetes dos jornais. Ele propôs que o acordo também incluísse a entrega ao novo Estado palestino do chamado "triângulo da Galiléia", três regiões israelenses com alta concentração de árabes e que fazem fronteira com a Cisjordânia.

A idéia era "matar dois coelhos com uma só paulada": uma grande população árabe sairia do país e Israel estaria ao mesmo tempo recompensando a Autoridade Palestina por territórios da Cisjordânia onde existem grandes colônias judaicas e que Israel anexaria. Para surpresa de alguns, os maiores opositores da idéia foram os próprios árabes-israelenses, os quais temeram a queda da qualidade de vida num empobrecido Estado palestino.

Sofer explica que tem uma especial preocupação com a concentração de árabes-israelenses vivendo na Galiléia e em regiões desérticas do sul do país. Essas regiões eram destinadas aos árabes, segundo o Plano de Partilha da ONU de 1947, mas foram conquistadas e incorporadas ao Estado judeu durante a Guerra da Independência. Atualmente, nem a liderança palestina reivindica tais áreas, mas Sofer teme que, se a população árabe continuar crescendo justamente nessas terras, um dia elas serão reivindicadas.

— Os palestinos poderão exigi-las num futuro bem próximo — acredita.

Pergunto a Sofer se ele é racista. Ele nega. Diz que nunca se filiou a partido político e se considera de "centro-direita". Reconhece que outros países do mundo também convivem com minorias, mas o problema em Israel, segundo ele, é que os muçulmanos locais são aliados dos piores adversários do Estado judeu.

— Podemos até tomar café juntos, mas isso não altera o fato de que eles são irmãos de meu inimigo.

Para provar que não é um extremista de direita, o professor declara ser favorável a ceder aos árabes toda a região oriental de Jerusalém — uma antiga reivindicação palestina. Nessa região vivem mais de 200 mil árabes. De acordo com o demógrafo, manter toda Jerusalém sob domínio israelense significaria aumentar de imediato a porcentagem de muçulmanos no país de 18% para 20%.

— Já disse ao primeiro-ministro que não há condições de manter a cidade unificada. Quem fala numa Jerusalém unida não entende nada de mapas. É uma estupidez — afirma.

Por causa do "fantasma da demografia", Israel estimula sua população, em especial a judaica, a crescer e se multiplicar. O país é um dos líderes mundiais no desenvolvimento de tecnologias contra a infertilidade e o governo cobre todas as despesas do tratamento para casais inférteis reverterem a situação e terem pelo menos dois filhos. Também as grandes famílias recebem um generoso adicional de renda do governo, por cada filho.

O problema dessa política, diz Sofer, é que não há recursos naturais para absorver tamanho crescimento populacional. Tirando a sua região desértica, Israel é hoje o país mais densamente povoado do mundo. Além disso, 42% do território está reservado para objetivos militares.

— É uma situação inédita na história da humanidade — avalia.

Especialistas como Sofer trabalham com um conceito chamado "capacidade de sustento", ou seja, quantas pessoas um determinado território é capaz de sustentar. Segundo Sofer, Israel já chegou ao limite.

No dia seguinte à nossa entrevista, o estudioso tinha agendado uma entrevista no canal público de TV para fazer uma sugestão ao governo: adotar urgentemente o modelo de Cingapura, de controle da natalidade. Seria o seguinte: o governo asseguraria benefícios como escola e hospitais apenas para os dois primeiros filhos do casal. Quem quiser ter mais crianças terá de pagar do próprio bolso. Sofer acredita que, se medidas drásticas como essa não forem adotadas, o Estado judeu desaparecerá.

— O que eu quero dizer é: por favor, olhem o mapa. E façam algo.

10

BRILHOS NA ESCURIDÃO

Os verdadeiros heróis da Nova Intifada

A FILÓSOFA HANNAH ARENDT escreveu certa vez que é durante tempos sombrios que alguns homens e mulheres fazem brilhar com intensidade a luz de sua humanidade. Isso aconteceu também durante a Nova Intifada, com histórias inspiradoras de palestinos e israelenses que deixaram a rivalidade de lado e deram exemplos de solidariedade, às vezes colocando a própria vida em risco.

Da mesma maneira que Nova York, no fatídico 11 de Setembro, elegeu seu corpo de bombeiros como símbolo de humanismo em meio à barbárie, o Oriente Médio também escolheu um grupo de profissionais para expressar sua esperança de um mundo mais civilizado — os paramédicos. Estes são os primeiros a chegar a cenas de atentados e bombardeios, e centenas de pessoas devem a vida a eles. Semelhantes à Cruz Vermelha, fazem parte da Estrela de Davi Vermelha (Israel) e Crescente Vermelho (palestinos).

Leia neste capítulo as histórias que tem para contar o paramédico Amit Dilion, que há anos coordena o serviço de emergência em todo o centro de Israel, uma região especialmente atingida por atentados suicidas. E a da paramédica Diana Hussein, que deixou uma vida confortável nos Estados Unidos para servir em ambulâncias por toda a Cisjordânia.

Acompanhe também as histórias inspiradoras de dois outros heróis deste conflito: Chaim Nugelblat, o judeu ortodoxo que serve a Deus recolhendo corpos mutilados em atentados; e Lutwi Julani, um motorista de táxi árabe que resolveu doar os órgãos de seu filho assassinado e assim salvou vidas de judeus.

HERÓIS VESTIDOS DE BRANCO

As sirenes das ambulâncias já se tornaram uma espécie de senha para os israelenses. Sempre que observam um desses veículos passar em disparada, eles ficam atentos. Se mais ambulâncias aparecerem com seus barulhos estridentes, já é bastante certo que mais um atentado aconteceu no país. A maioria das pessoas então se resigna a ligar o rádio ou tenta se alienar de mais um episódio sangrento. No entanto, a reação do paramédico Amit Dilion, 36 anos, é diferente.

Em estado de alerta permanente, a essa altura ele já coordenou sua equipe e se dirige para o local do ataque. Muitas vezes chega à área do atentado antes mesmo da polícia e sem saber ao certo o que está acontecendo. Como no caso do socorro aos convidados de um casamento, num salão de festas, alvo de um ataque terrorista no início do conflito.

— Começamos a ajudar os feridos sem saber que o pistoleiro ainda estava vivo e atirando. Foi um caos.

O bipe de Dilion é seu companheiro inseparável, aparelho que leva consigo até mesmo ao banheiro quando está em casa. A tensão constante faz com que acorde todos os dias às 6 da manhã, mesmo quando seu turno começa à tarde, com a sensação de que algo irá acontecer e o pegará de surpresa. Carrega um equipamento de primeiros socorros aonde quer que vá e procura não se afastar de sua cidade, Netanya.

Não existe horário de folga para Dilion. Isso ficou claro na noite da Páscoa judaica de 2002, quando seu bipe interrompeu o jantar com a família para informá-lo do atentado de grandes proporções num hotel da sua cidade. Minutos depois ele já estava socorrendo as vítimas num cenário insuportável. Em meio a gritos e corpos despedaçados, o sistema antiincêndio fora ativado e se formou uma poça de 30 centímetros de água misturada com o sangue de dezenas de pessoas.

— É difícil descrever o que se vê nesses lugares — comenta.

O atentado mostrou também uma face pouco conhecida no relacionamento entre árabes e judeus em Israel. Em razão do feriado religioso judaico, os paramédicos de plantão eram quase todos árabes (de cidadania israelense) e foram eles os primeiros a chegar e a salvar vidas.

Mas, por trás da imagem de destemidos, os paramédicos israelenses também têm muitos medos. O temor mais comum é encontrar algum familiar ou amigo entre as vítimas de um atentado. Dilion viveu esse drama quando foi avisado de um ataque ocorrido num *shopping center* de Netanya. Correu amedrontado os 500 metros de distância que separam o pátio das ambulâncias do *shopping*, para verificar com alívio que não conhecia ninguém entre os mortos. Mas outro membro de sua equipe não teve a mesma sorte.

— Ele teve uma reação muito forte, entrou em choque. Não acreditava.

Outro medo do paramédico israelense está ligado à sua própria segurança. O chamado "atentado duplo" é uma ameaça constante, como já aconteceu no passado: um terrorista se suicida perto de um grupo de pessoas e, quando chegam equipes de salvamento, um segundo homem-bomba ataca.

— Sabemos que algo assim pode acontecer, mas continuamos nosso trabalho de modo intuitivo — afirma Dilion.

Os paramédicos tomam algumas precauções. Procuram trabalhar em locais já liberados pela polícia e não tocam em nenhum cadáver até que especialistas se certifiquem de que não carregam bombas. Uma outra forma de preservação é reunir toda a equipe após cada atentado, para que possam conversar entre si e "jogar para fora" as emoções mais fortes. Porém, às vezes, nada disso funciona e alguns profissionais acabam sucumbindo a toda a pressão.

— Vi alguns deles chorando enquanto trabalhavam em locais de atentados.

Tamanhos percalços não fazem Dilion se arrepender de ter optado por essa profissão há 13 anos. Ele diz que seu senso de cumprir uma missão começou cedo em sua vida, quando perdeu o pai na Guerra do Yom Kipur, em 1973. Sua recompensa é o agradecimento de pessoas cuja vida ajudou a salvar e que mantêm contato permanente com ele como forma de gratidão.

Solteiro, Dilion conta que quando volta para casa sozinho, após ter atuado na cena de um atentado, sente raiva pela violência que presenciou. Contudo, enquanto está envolvido com seu trabalho, garante que não pensa em mais nada, a não ser cuidar dos feridos e transportá-los o mais rápido possível para hospitais. Nesse momento, assegura, não faz nenhuma distinção entre raça ou religião e sua preocupação se resume em salvar vidas.

— Não importa se o ferido é árabe ou judeu: tratamos até do terrorista. Neste trabalho de salvar vidas não há ideologia, as opiniões ficam para depois.

Enquanto salvava vidas, a paramédica palestina Diana Hussein, 24 anos, viu a própria morte bem de perto. Foi durante um resgate de feridos, num dos incontáveis confrontos entre palestinos e o exército israelense na Nova Intifada. Diana trazia um ferido para a ambulância, quando sentiu um zumbido no ouvido e, em seguida, o vidro do veículo quebrou. Continuou seu trabalho e somente mais tarde é que notou a bala alojada na carroceria da ambulância.

— Passou bem perto. Se tivesse me abaixado naquele instante, teria sido atingida — ela lembra.

Essa não foi a única vez que Diana sentiu o perigo de ser paramédica num dos locais mais violentos do mundo. Na sede do

Crescente Vermelho para a Cisjordânia, na cidade de El-Bireh, onde fica de prontidão esperando chamados de emergência, as paredes estão forradas de cartazes com a foto de dois profissionais que morreram durante missões de resgate — um médico e um motorista de ambulância. Os veículos em que estavam foram atingidos pelo exército israelense enquanto tentavam resgatar feridos nos combates.

Diana conhecia as duas vítimas e diz ter ficado chocada quando soube das mortes.

— Não pude acreditar. Foi algo que poderia ter acontecido com qualquer um de nós.

A paramédica também conhecia Wafa Idris, a jovem palestina que entrou para a história como a primeira mulher a praticar um ataque suicida, durante a Nova Intifada. Os familiares de Wafa afirmaram que a jovem decidiu praticar o atentado depois das cenas que presenciara trabalhando como voluntária nas ambulâncias do Crescente Vermelho, na Cisjordânia. Diana, por sua vez, não aceita a idéia de que o trabalho de paramédico possa levar alguém a praticar um atentado contra civis.

— Ter trabalhado aqui não foi a principal razão para sua decisão. O que ela fez foi um ato individual, não tem nada a ver conosco.

A sua central de emergências já testemunhou momentos bem críticos. No início do conflito, quando o envolvimento popular era intenso, as ambulâncias tinham de voltar para a base para serem limpadas do sangue derramado, antes de sair novamente para os campos de batalha. Um paramédico chegava a tratar 15 feridos por dia. Às vezes, as poucas ambulâncias disponíveis — são apenas duas para atender a toda a cidade de Ramallah — não podiam sair para atender aos chamados devido ao toque de recolher.

O relacionamento dos paramédicos palestinos com os militares israelenses é complicado. Israel acusa os palestinos de usarem ambulâncias para contrabandear armas. Diana diz que nunca presenciou nada desse tipo.

— Se isso realmente aconteceu, foi uma ação individual.

As dezenas de postos militares israelenses espalhados pela Cisjordânia são um tormento para as ambulâncias. Alguns palestinos feridos perderam a vida em decorrência do precioso tempo gasto nessas barreiras. Em outros casos, o paciente foi obrigado a sair da ambulância para o veículo passar por revista.

— Talvez isso seja parte do trabalho deles. Mas em muitos casos notamos que é apenas uma oportunidade de despejar a raiva em cima de nós.

Diana nasceu em Porto Rico e veio com a mãe morar nos territórios palestinos. Seu pai, que ainda vive nos Estados Unidos, às vezes pergunta pelo telefone por que a filha decidiu escolher justamente uma das mais tensas profissões que existem, num lugar em permanente ebulição. Ela explica que sua satisfação se dá quando volta ao hospital para trazer mais feridos e é saudada por pessoas que se salvaram graças ao seu trabalho.

— Não penso em parar. Nossa atividade não é só uma profissão, é um compromisso. Damos sem esperar receber.

A equipe em cada ambulância é formada por um paramédico e um motorista, que também é treinado para socorrer feridos. Sofian Koran, 25 anos, é um desses motoristas e fala de sua profissão num português com forte sotaque árabe. Sua mãe é uma brasileira do Recife, que se casou com um palestino e veio morar na Cisjordânia.

Koran começou como voluntário, simpatizou com o trabalho e há um ano foi contratado. Sua prova de fogo aconteceu durante um toque de recolher, quando o exército israelense proibiu sua equipe de atender às chamadas. Koran resolveu desafiar a ordem e acabou detido por três dias, passando fome e sem poder dormir.

Sua mãe pede a ele para deixar o trabalho e procurar outro emprego, mas Koran não concorda.

— Minha profissão é perigosa, mas gosto de ajudar as pessoas.

RECOLHER OS MORTOS E SERVIR A DEUS

Tel Aviv, 1º de junho de 2001, 23h40 — Como sempre acontece às sextas-feiras, a região chamada de Dolfinário, um centrinho com bares e discotecas em frente à praia, está agitada. O lugar fica lotado principalmente por adolescentes de origem russa, atraídos pela discoteca Pasha, especializada em música da ex-URSS. O *point* também é conhecido por muitos brasileiros. No passado, funcionava ali uma casa de samba, fechada já há algum tempo.

Em meio a toda essa agitação, o jovem palestino Said Hutari se aproxima da fila de entrada. Com seus 22 anos, ele não chama atenção. Veio da cidade palestina Kalkilia, na Cisjordânia, enviado pelo grupo extremista Hamas. Hutari não espera muito para executar sua missão e explode seu cinturão de explosivos. Vinte e uma pessoas morrem, a maioria adolescentes.

A alguns quilômetros dali, no bairro ultra-ortodoxo judaico de Bnei Brak, Chaim Nugelblat, 45 anos, encerra a refeição do *Shabat*. Está com a esposa e seus 8 filhos e segue à risca o mandamento religioso de cessar todas as atividades entre as noites de sexta-feira e sábado. Mas a atmosfera de calma na casa é interrompida pelo sinal de um bipe. Chaim está pronto para quebrar o sacramentalismo da noite e cumprir um mandamento religioso no local do atentado em Tel Aviv.

Chaim é o fundador da Zaka, uma sigla em hebraico para o que significa "Identificação de Vítimas de Desastres". É uma unidade totalmente voluntária surgida durante a onda de atentados do Hamas na década de 1990. Sua missão consiste em cumprir um mandamento sensível do judaísmo: cuidar para que os mortos tenham um enterro honrado. Ele comanda uma equipe de 175 voluntários, a maioria formada por ortodoxos, que não recebem dinheiro oficial nem para a gasolina da ambulância. A aparição desses homens piedosos de barba e *kipá* negra nas cenas dos atentados os tornou conhecidos ao redor do planeta.

Naquela sexta-feira, quando Chaim chegou ao local do atentado, os homens da Zaka já estavam em ação. Os que chegaram primeiro ajudaram os paramédicos a providenciar o transporte dos feridos. Depois, começaram seu trabalho. Escolheram um terreno aberto e, num canto, agruparam corpos e outros restos mortais que puderam ser identificados. Em outro espaço, pequenas partes irreconhecíveis, mas que segundo a lei judaica merecem o mesmo respeito e um enterro digno.

Aquele foi o primeiro atentado que aconteceu num *Shabat* e daí se criou uma situação toda especial. Recolher restos mortais é um mandamento sério, mas não chega a ser tão importante para anular totalmente a proibição religiosa de atividades no dia sagrado. Dirigir o carro até o local do atentado pode, mas acender uma lanterna para ajudar no trabalho de identificação não pode. Os voluntários da Zaka tiveram então de trabalhar no escuro.

Remover um cadáver pode, mas secar as poças de sangue não pode. Os voluntários da Zaka esperariam até o fim do *Shabat*, no sábado à noite, para voltar ao local do atentado e recolher o sangue com esponjas, que foram em seguida enterradas num ritual fúnebre. Antes de existir a Zaka, numa situação dessas, a polícia simplesmente expurgava a área com esguichos de água.

Juntamente com os judeus vítimas do atentado, morreram também uma colombiana de mãe cristã, um turista ucraniano e um muçulmano — o próprio terrorista. No momento em que os voluntários da Zaka começam a agir, as diferenças religiosas, étnicas e políticas desaparecem.

— Damos o mesmo respeito a judeus e não-judeus. O tratamento é o mesmo — assegura Chaim.

A Zaka atua 24 horas por dia e seu serviço não se restringe a atentados. Também engloba ocorrências como desastres de carro e assassinatos. Enquanto conversávamos, Chaim recebeu uma chamada reportando o suicídio num hospital de Tel Aviv — um homem se atirou do quarto andar do edifício. Ele imediatamente acionou sua equipe.

— Se não corrermos, o pessoal do hospital acaba se adiantando e recolhe a vítima sem cumprir as regras religiosas — diz.

O pioneiro da Zaka tem uma história pessoal singular. Filho de um sobrevivente do campo de concentração de Auschwitz, voluntariou-se para servir no exército israelense — ao contrário da maioria absoluta dos ortodoxos israelenses, que pedem dispensa do serviço militar. Chaim se tornou oficial de uma unidade de combate e participou de ações arriscadas na Guerra do Líbano, em 1982. Lá é que sua atenção foi despertada para o mandamento da dignidade do corpo humano, quando carregou em seus braços companheiros mortos em combate.

A certeza de estar cumprindo um mandamento elevado torna Chaim imune ao horror que a maioria das pessoas sentiria na cena de um atentado. Ele diz que não tem pesadelos com os cenários que já presenciou em 12 anos de trabalho voluntário, e só tem um medo:

— Um dia, encontrar um parente ou conhecido numa situação dessas.

Para testar se um novo voluntário terá capacidade de realizar o difícil trabalho, o candidato é enviado para auxiliar no processo de lavagem de corpos em cemitérios. Muitos não passam no teste.

A experiência de Chaim passou por um teste de fogo após um atentado violento numa feira de comidas em Jerusalém. Os voluntários passaram horas num salão tentando separar partes chamuscadas de corpos humanos dos restos de animais, como bois e galinhas, que foram recolhidos junto com tudo no local do ataque. Esgotados e nauseados com aquela quantidade de carne indiferenciada, os voluntários encomendaram um lanche, mas exigiram que fosse pizza. Chaim foi o único que saboreou, indiferente e num canto do salão, um *shuarma* (sanduíche de carne de cordeiro, similar ao conhecido no Brasil como churrasco grego).

O fundador da Zaka é uma pessoa jovial e gosta de falar de seu trabalho. Mas, quando pergunto o que pensa do movimento islâmico Hamas, fica introvertido.

— O homem que envia um suicida sabe que matará crianças e que é uma mentira a sua promessa ao terrorista de que assim alcançará o paraíso.

Pergunto a Chaim se sente ódio dos terroristas que causaram o sofrimento presenciado por ele nos últimos 12 anos.

— Não os odeio mais que qualquer outro judeu que vive neste país. O fato de eu ver tudo isso não me leva a odiar; estou apenas cumprindo um mandamento divino.

O HOMEM DO CORAÇÃO

O jovem Mazen Julani estava sentado com amigos saboreando seu café, por volta da meia-noite, num bar da parte árabe de Jerusalém. De repente, um carro parou bruscamente bem em frente ao estabelecimento. De dentro do veículo, vários tiros foram disparados contra os clientes. Os pistoleiros saíram em disparada e sumiram dentro da noite. Passada a confusão, os amigos notaram Mazen estirado no chão do bar, ferido por uma bala que o atingiu abaixo do ouvido e atravessou a cabeça. Pai de três crianças, ele foi levado às pressas para o hospital da cidade, agonizando.

Não muito longe dali, em Anata, bairro árabe de Jerusalém, um telefonema acordou o motorista de táxi Lutwi Julani, 71 anos. Ele correu para o hospital e acompanhou a agonia do filho. Dois dias depois, o médico comunicou a morte ao pai. Apesar de o assassinato até hoje não ter sido esclarecido, a liderança da Nova Intifada o considerou um ato político. Declarou o jovem um mártir da causa árabe e espalhou cartazes com sua foto pelas cidades palestinas.

Ainda se recuperando do choque da notícia do falecimento, Julani ouviu do médico uma pergunta que o pegou de surpresa.

— O senhor concordaria em doar os órgãos de seu filho para pessoas em Israel que esperam por um transplante?

A família Julani é grande, com cerca de 5 mil parentes espalhados por vários países árabes, Israel e nos territórios palestinos. Porém, para decidir pela doação dos órgãos, o velho Julani não consultou ninguém, além de seu *sheik* (líder religioso muçulmano). Voltou ao hospital e deu sua aprovação ao médico, que pôde aproveitar coração, pulmão, rim, pâncreas e o fígado do jovem assassinado.

Por meio desse ato, Julani salvou seis vidas — a de um árabe e a de cinco judeus. Nenhum dos familiares que vivem nos territórios palestinos reclamou da decisão do ancião da família.

— Um muçulmano tem de fazer viver, não morrer. Eu sabia que algumas pessoas poderiam viver por causa dos órgãos do meu filho. Então por que não ajudá-las?

Julani conhece as ruas de Jerusalém como poucos. Há quase 50 anos dirige seu táxi pela cidade, onde chegou trazido por seus pais quando tinha 1 ano, vindo da cidade de Hebron, na Cisjordânia. Ele não gosta de falar de seu passado. Cita rapidamente anos de dificuldade quando vivia desempregado e não tinha ao menos como alimentar os filhos. Murmura uma injusta passagem por uma prisão israelense e a internação durante algum tempo num hospital psiquiátrico. Reclama que "os judeus" hoje ocupam uma antiga propriedade sua na Cidade Velha de Jerusalém, fazendo-o morar precariamente sozinho, dentro de uma loja. Também imputa aos "judeus" a morte de seu filho Mazen.

Todavia, nada disso o impediu de decidir doar os órgãos do filho e salvar vidas, incluindo a de judeus.

— O que me interessa se alguém é alemão, norte-americano, judeu ou cristão? São seres humanos e isso é o que importa. A mãe de meu filho sofre e acorda à noite perguntando por ele. Mas eu não. Sei que Deus quis assim, Ele me deu Mazen e depois o tirou de mim.

O drama de Julani não acabou após a morte de Mazen. Seu filho caçula, Majdi, 31 anos, precisa urgentemente de um transplante de rins, mas não encontra doador. Os médicos até que tentaram transferir para ele o órgão do irmão morto, mas houve rejeição. Majdi está magro, movimenta-se com dificuldade e tem o corpo marcado pela enfermidade. Três vezes por semana faz hemodiálise, mas sua situação piora a cada dia.

Majdi vive com a mãe e mais alguns familiares num apartamento do bairro árabe de Beit Hanina, na divisa de Jerusalém com a cidade palestina Ram. Na parede da sala, está afixado o pôster do irmão assassinado, tendo ao fundo a mesquita do Nobre Santuário (ou Monte do Templo), produzido pela liderança palestina. Majdi diz concordar com a decisão do pai em doar os órgãos do irmão morto.

— Sei o que é estar doente, acho que ele fez certo. Não doamos para um judeu ou um árabe, o computador é que decidiu.

O taxista Julani guarda em sua carteira o certificado que ganhou do hospital, após a doação dos órgãos: uma carta-padrão de agradecimento, assinada pelo Ministro da Saúde israelense, tudo em cópia xerox.

— Doei o corpo de meu filho sem receber nada em troca. Nunca aceitaria dinheiro algum por isso, seria incorreto perante Deus. Só peço que me ajudem a salvar meu outro filho.

Conversei sobre o assunto com Tamar Ashkenazi, coordenadora do departamento israelense de transplantes de órgãos. Ela diz que Majdi continuará na fila de candidatos a um rim e que o fato de a família ter sido doadora não é critério para ter prioridade em relação aos demais pretendentes. Se soubesse disso na época em que decidiu pela doação, Julani teria adotado outra posição?

— Não me interessa o passado. Decidi oferecer ajuda e está acabado.

A atitude nobre como a do taxista é raridade numa região convulsionada pelo ódio mútuo. Mostra disso é que nenhum dos receptores dos órgãos do jovem quis comentar o caso comigo. O próprio Julani mal conheceu tais pessoas. O único que encontrou foi o homem que recebeu o coração de seu filho. Este o agradeceu no hospital e prometeu uma visita, nunca realizada.

— Ainda estou esperando sua ligação — diz.

Julani continua trabalhando nas ruas de Jerusalém. Em seu ponto de táxi, no centro nervoso da cidade, convivem motoristas judeus e árabes. Moti, um judeu de origem marroquina, conheceu o filho assassinado de Julani.

— Era um bom rapaz — comenta.

Os dois taxistas trocam algumas idéias. Julani afirma que foram colonos israelenses que mataram seu filho. Moti não se ofende, mas duvida.

— Colonos são pessoas religiosas e não saem de casa no fim de semana.

Julani fica em silêncio.

— Bem, mas hoje em dia tudo pode acontecer — emenda o taxista judeu.

Quando Julani começou a dirigir seu táxi por Jerusalém, a cidade era governada pelos jordanianos. Suas lembranças de infância o levam ainda mais longe, ao tempo em que a cidade ainda fazia parte do Império Britânico.

— Desde aquele tempo nunca conheci a paz — garante.

Ele conta nos dedos sete grandes conflitos na região que afirma ter testemunhado, entre guerras e revoltas populares. Porém, ele não gosta de falar de política e apenas sorri quando perguntado sobre a Nova Intifada.

— Sou apenas um motorista de táxi. Não quero vingança, apenas paz. Os dois povos precisam de paz. Por que não?

PALAVRA FINAL

Três opções para o futuro do Oriente Médio

HÁ MUITO TEMPO que os profetas desapareceram da Terra Santa. Por isso é sempre uma tarefa arriscada fazer previsões sobre o que acontecerá nos próximos anos no conflito entre israelenses e palestinos. Mas acho que é possível apontar três alternativas para o futuro dessa região.

A primeira delas, a mais sombria, é nada mudar nos próximos anos ou até mesmo em décadas. Os dois povos continuarão guerreando, com maior ou menor intensidade, e o número de mortos irá se acumulando. A situação assim continuará fazendo do Oriente Médio um lugar instável, que contribuirá para desestabilizar o mundo inteiro.

A segunda possibilidade é acontecer algo parecido com a intervenção internacional na Iugoslávia. Em 1999, na falta de um acordo entre as repúblicas iugoslavas em guerra, jatos da OTAN bombardearam a região e impuseram um acordo de paz à força. Não é impossível que, um dia, potências estrangeiras também percam a paciência com israelenses e palestinos e imponham um acordo entre as partes.

Uma medida nesse sentido até que teria uma vantagem. As sociedades israelense e palestina são complexas e cheias de divisões internas. Até hoje, toda vez que surgiu uma possibilidade de paz, apareceram forças radicais de ambos os lados que impediram a continuidade do processo. Parece que os moderados, por si só, não têm força suficiente para controlar os radicais. Muita gente no Oriente Médio acredita que apenas uma pressão vinda de fora poderá acabar com o violento impasse na região.

A terceira possibilidade é o processo de paz ressurgir das cinzas e os dois lados voltarem a negociar uma solução honesta. O que não é impossível. Algumas pesquisas de opinião pública, realizadas durante os momentos mais críticos da Nova Intifada, mostraram que a base para as negociações continua de pé: a maioria dos israelenses permanece favorável à criação de um Estado palestino, assim como a maioria dos palestinos aceita reconhecer o Estado judeu.

Todavia, para a paz se concretizar, precisará haver uma mudança no rumo dos acontecimentos tão drástica quanto a Queda do Muro de Berlim — o surpreendente evento de 1989 que sinalizou o fim do comunismo. Será necessário o surgimento de uma nova mentalidade de paz no Oriente Médio, algo que não se vê hoje em dia. E também novos líderes, tão corajosos como o soviético Mikhail Gorbachev, que comandou a dissolução pacífica da União Soviética.

Para os que sonham com a paz um dia, já há alguns sinais de esperança no horizonte. Durante a Nova Intifada, pela primeira vez na história, um político da direita israelense — Ariel Sharon — classificou a presença de suas tropas nos territórios palestinos como "ocupação". O general linha-dura afirmou ainda que "chegou a hora de dividir este pedaço de terra entre nós e os palestinos".

A direita israelense também resolveu construir um muro separando os dois povos. Na visão mais otimista, pela primeira vez na história houve um reconhecimento indireto da existência de duas nações distintas vivendo no mesmo território. Talvez, num futuro não muito distante, o muro seja redesenhado e sirva de fronteira entre dois Estados independentes — Israel e Palestina.

Além do mais, pela primeira vez um governo israelense (o do premiê Ehud Barak) acenou com a possibilidade de compartilhar Jerusalém com os palestinos. Dividir a cidade santa foi um assunto tabu durante décadas em Israel. Entretanto, hoje, mesmo alguns líderes do partido conservador israelense Likud já admitem alguma espécie de compromisso no que diz respeito à cidade para chegar a um acordo de paz.

Do lado palestino, também está cada vez mais claro que é ilusão esperar que os refugiados de 1948 voltarão às suas antigas casas, onde hoje existe o Estado de Israel. E isso é um passo fundamental para chegar a um acordo com os israelenses, que vêem no retorno de centenas de milhares de refugiados uma ameaça demográfica ao caráter judaico de seu país.

Mais e mais líderes e intelectuais árabes estão admitindo em público que os refugiados somente poderão voltar para um futuro Estado da Palestina ou então receberão indenizações para continuar vivendo em outros países.

Para os otimistas, que buscam coisas positivas mesmo nas piores situações, o novo e sangrento conflito no Oriente Médio trouxe pelo menos uma boa lição. Os dois lados agora sabem com clareza o que devem esperar na ausência de um acordo de paz violência, sofrimento e estagnação. De modo que a perspectiva desse triste quadro talvez sirva de estímulo para preferirem a outra opção: voltar à mesa de negociações, conversar, tentar entender as necessidades do outro lado, e quem sabe assim colocar novamente nos trilhos o processo de paz.

Este livro, composto na fonte Fairfield
e paginado por Alves e Miranda Editorial,
foi impresso em pólen bold 90g na Cromosete.
São Paulo, Brasil, no verão de 2005.